全員戦力化

戦略人材不足と組織力開発

守島基博 学習院大学経済学部教授

日本経済新聞出版

まえがき

大人材不足時代

本書は、人材マネジメントや人材確保・人材活用というテーマを、組織の視点から考える書物である。取り上げた人材マネジメントのトピックは、わが国の企業が抱える最も大きな人材問題だと私が考える、「人材不足」である。これに組織力という考え方を使ってアプローチしようという試論である。

現在、顕在化している人材不足は、単に労働人口や生産年齢人口（人口のうち、15歳以上65歳未満の生産活動の中核となり得る年齢の人口）が減少していることだけで起こっているわけではない。同時に、企業の経営環境や、それに対応した経営戦略が変化し、またＩＴやＡＩ（人工知能）などの情報技術が進展し、さらには、働く人の価値観が変化し、多様化していることが大きく関係している。さらには、２０２０年初頭からは、新型コロナウイルスの感染拡大の経営や組織への影響がある。新型コロナウイルスの感染拡大は、働く人の働き方に影響を与えるだけではなく、今後は、組織そのものやマネジメントの考え方などにも大きな変化をもたらす可能性がある。

こうした変化は、求められる人材や価値ある人材像を変え、さらには、人材を活用するための方法に変化をもたらす。これまでとは違ったタイプの人材が必要になり、また働く人も変わるなか、人材マネジメントの方法にも変化が求められるのである。こうした変化に現在の人材マネジメントが追い付いていないということが、人材不足の背後にある大きな要因である。まさに企業に貢献する人材の確保・活用が難しくなっているのである。

組織力開発による問題解決

ここでは、この問題に、「組織力開発」という観点からのアプローチを試みた。組織力とは、ひと言で言ってしまえば、組織として人材を確保し、活用する能力のことである。例えば、戦略が変わり、新たな能力や専門性をもった人材が必要になったとき、そうした人材を惹きつけ、維持し、活用するための組織が必要である。また働く人の価値観が多様化し、ワークライフバランスを重視する働き手が増えるようになると、そうした働き手に魅力的な職場を提供しつつ、同時に経営に貢献をしてもらうための、働きやすさと働きがいのある組織をつくらなくてはならない。

こうした組織をつくる力が組織力だと考える。経営学では組織能力という概念が使われており、定着している。例えば、イノベーションを生み出す組織能力などがある。本書では、「一定の能力や特徴をもった組織をつくる力」という意味で、あえて従来の組織能力とは異なった用語を使っている。従来の組織能力が、求められる結果を生み出す力だとしたら、組織をつくる力が、組織力である。

そして、組織力を維持し、向上させるための活動は、個別の人材を育成したり、またモチベーションを上げたりという従来の人材マネジメントとは異なる。まず対象が組織や職場であり、個人ではない。一種の「場づくり」である。例えば、人がモチベーションやエンゲージメントをもち、活躍できる場づくりなのである。具体的な方法も、これまでの人事管理とは異なる。採用、育成、評価、配置転換などの人事施策とは違った活動が必要になる。

本書で議論されることは、これまでの人事管理論でとりあげられてきた内容とは異なるかもしれない。だが、組織力を開発するという視点からの活動も、重要な人材マネジメントなのである。なぜならば、こうした活動を通じて、人材が活躍できる環境がつくられるからである。どんなに優秀な人材を採用、育成しても、活躍する「舞台」がなければ、その人材は活躍できず、経営への貢献は行えない。そんな思いが本書の背景にある。

人材を確保、活用し、人材によって組織の競争力を高めていくためには、組織を対象にしたマネジメントが重要である。これが本書の基本的なアイデアである。その意味で、人事部門だけではなく、広く経営に携わる経営者・管理職の人たちにも読んでほしい。方法論の詳細までは議論できなかったが、どこに焦点を当てればよいか、進めるにあたって何を重視すればよいかについては、なんとか書くことができたと思っている。

本書の基本的アイデアは、「日本経済新聞」朝刊「やさしい経済学」に2017年3月22～31日に掲載された「毀損した日本企業の組織力」に依っている。その後、数多くの講演や企業研修、社会人大学院の授業などの場を通じて、少しずつ修正が行われてきた。セミナーや授業等に参加され、コメントや質問などをいただいた皆さんに感謝したい。

また、原稿の完成を辛抱強く待っていただいた日経ＢＰ日本経済新聞出版本部の堀口祐介氏に、深く感謝したい。堀口さんは、私の筆の進みが遅いのをよくご存じで、本当にこまめに連絡をおとりいただき、私を前に進めてくれた。前回の単著から、はや10年以上がたっている。本当に長い間待っていただいた。感謝の極みである。

そして最後に、いつも私を叱咤激励し、時には原稿に鋭いコメントをくれ、時には和ませてくれる妻、利子に大きな感謝である。絶え間ないサポートを本当にありがとう。

新型コロナウイルス感染拡大が収束しない東京の自宅で、2021年3月に

守島　基博

全員戦力化　目次

第 1 章

人材不足と「全員戦力化」

戦略人事という考え方

戦略人事とは極めてシンプルに表現すれば、企業目的の達成のために人事を行うことである。逆に言えば、経営目的の達成に貢献しない人事業務は戦略人事の範疇には入らないことになる。採用も、育成も、評価制度づくりも、基本的には企業目的への貢献でその価値が発揮される。企業視点がここでは重視される。

わが国の企業が「戦略人事」を行ってこなかったかといえば、そんなことはない。戦後の人事管理を概観しただけでも、安定的な労使関係の構築や、熟練度の高い現場労働者の確保、ひとつの企業に長期に雇用され企業目標達成に深くコミットした人材を数多く輩出するなど、これまでのわが国の人事管理は立派に企業目的の達成に貢献してきた。戦略人事という言葉は使われていなかったかもしれないが、ちゃんと企業経営に貢献する人事管理を行っていたのである。特にモノづくりを中心とした製造業の発展には貢献してきた。

またバブル経済崩壊後には、多くの企業で経営が悪化し、人件費のスリム化や柔軟化が喫緊の経営課題となった。その時とられた代表的な人事戦略が、いわゆる成果主義的な評価・処遇制度の導入や正規社員以外の人材の積極的活用である。一部の人たちへのしわ寄せも見られこそしたが、これらの変革の結果、わが国の人材マネジメントのあり方は大きく様変わりしたのである。バブル崩壊からの復興という、経済史的に見ても大きな経営変革の一翼は、人材マネジメントの変革が担ったと言える。

今再び、戦略人事の時代

そして、今再び、企業経営のあり方や経営を取り巻く環境が大きく変化しており、経営に資する人事、戦略人事を考えなくてはいけない時代となっている。人材マネジメントに直接の影響を与えるという観点では、大きく３つの変化が考えられよう。

まず、企業がこれまでとは質的に異なった成長戦略をとり始めている。例えば、海外進出が戦略目標であれば、そのための人材が必要になる。製品販売後のサービスまで課金化し、収益の源泉としたいのであれば、そのためのビジネスモデルを考案し、実行する人材が必須となる。

当然のことだが、必要な人材の資質や能力は、戦略やビジネスの内容によって変わってくるし、戦略目標やビジネスモデルが変化すれば求める人材も変化する。また、経済全体

図表1－1　日本企業の人材不足（マンパワー調査、2018）

まったく苦労していない		あまり苦労していない		苦労している		非常に苦労している	
中国	13%	オーストラリア	34%	フィンランド	45%	↓アルゼンチン	52%
アイルランド	18%	↓ブラジル	34%	↑オーストリア	46%	↑スロバキア	54%
英国	19%	ベルギー	35%	米国	46%	インド	56%
オランダ	24%	コスタリカ	35%	↑ポルトガル	46%	シンガポール	56%
スペイン	24%	パナマ	35%	↓イスラエル	49%	ギリシャ	61%
ノルウェー	25%	チェコ共和国	36%	↑メキシコ	50%	トルコ	66%
フランス	29%	イタリア	37%	ドイツ	51%	ブルガリア	68%
南アフリカ	32%	グアテマラ	38%	↓ハンガリー	51%	香港	76%
↑スイス	33%	スロベニア	40%	ポーランド	51%	台湾	78%
		カナダ	41%			ルーマニア	81%
		↓コロンビア	42%			日本	89%
		スウェーデン	42%				
		ペルー	43%				
		ニュージーランド	44%				

世界平均　45%

日本

↑ 2016年以降に大きく増加　↓ 2016年以降に大きく減少

日本企業が人材不足を感じている職種

1．エンジニア	2．営業・販売職	3．ITスタッフ	4．会計・財務	5．技術者
6. カスタマーサポート	7．運転手	8．高度専門職	9．医療スタッフ	10．教師

（出所）マンパワーグループ「2018年人材不足に関する調査（日本版）」

を見ても、付加価値生産量でも就業者数でも、製造業に比較して、サービス業の存在が大きくなっている。

実際、図表1－1に示した人材コンサルティング会社マンパワーグループの国際比較調査（2018年）によると、人材不足を経験している日本企業は、2018年前半で89％であり、世界42カ国の平均45％と比較して2倍近くである（図表1－1参照）。また、特に不足が感じられる職種は、

ＩＴエンジニア、営業・販売職、ミドルマネジャーなど、ＩＣＴ化、サービス化など新たな戦略を進めるために必要な人材が多い。国際比較は、多くの要因を考慮しないと単純な比較はできないが、この状況は注意すべきだと思う。

ＡＩ・ＩＣＴ等の技術革新

もう一つの大きな変化がＡＩやＩＣＴなどの技術革新の進展である。技術の進展は、まずこれまでの仕事のやり方を変え、仕事をＡＩ等に任せてよい部分と人間がやるべき部分に分離する影響をもってきた。さらに最近では、ＤＸ（デジタルトランスフォーメーション）と呼ばれる、進展する技術を活用して、企業のビジネスモデルそのものを変えてしまう経営改革も導入されている。

こうしたなか、急速な技術革新に伴い、働く人のスキルや能力が陳腐化し、新たな職場や仕事に不適応なスキルをもっている人材が増えるようになってきた。ここしばらくを考えた場合、起こっていることは、人がやることが減り、人的資源の必要性がなくなるということではなく、今まで身につけたスキルや能力が新たな仕事の形にミスマッチするとい

図表1－2　職種別の人材需給ギャップ

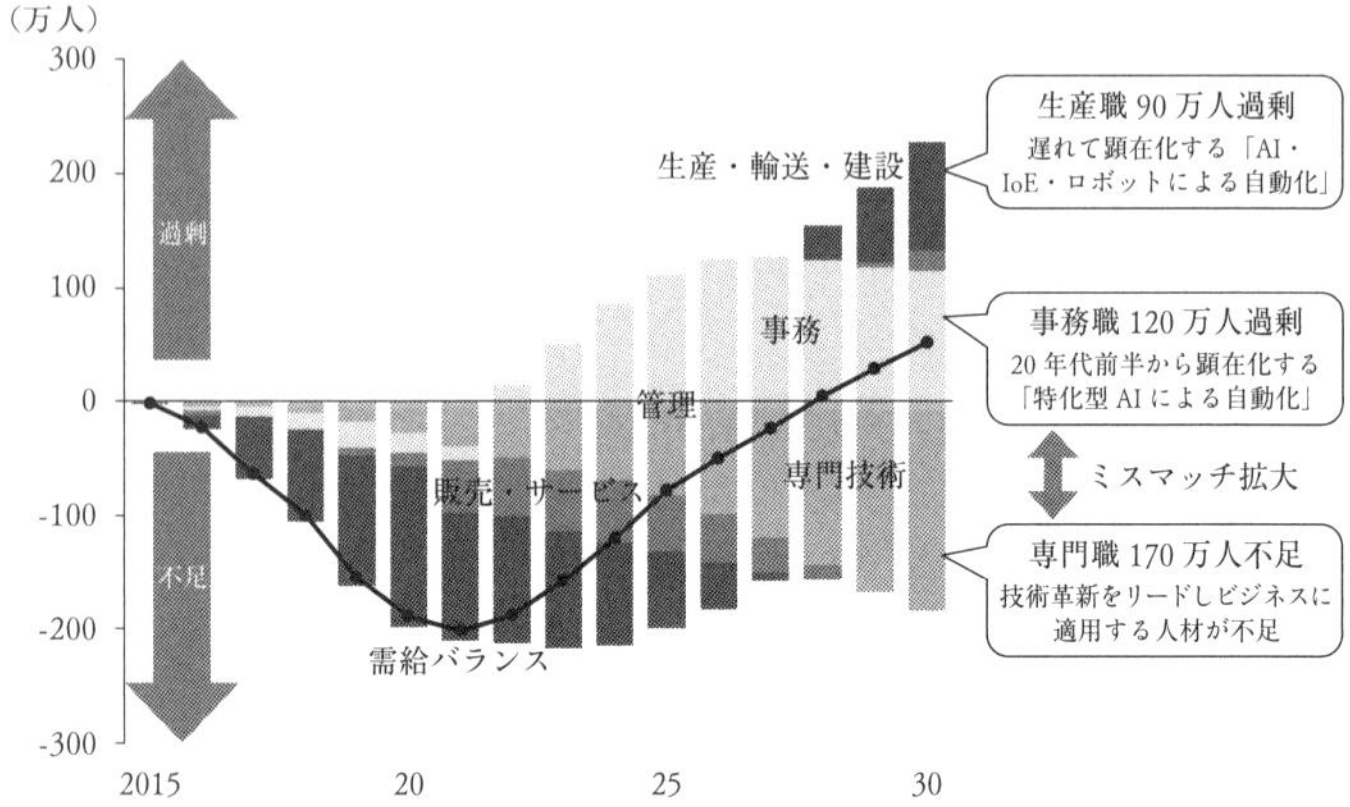

（出所）三菱総合研究所「内外経済の中長期展望　2018-2030 年度」2018 年

う現象なのである。

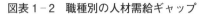

この変化も人材不足をもたらす可能性がある。わが国でも、三菱総合研究所が、推定を出している。2015年から2030年までに、AI等が未だ不得意な、ノンルーチンの仕事で、約170万人の新たな人材需要が生まれるという推定である（図表1－2）。技術革新によって、一定の仕事は人があまるが、他の仕事は人材が不足するのである。

海外では、既にこうした流れに対応して、リスキリング（職業能力の再開発・再教育）という流れが大きくなってきており、国家的事業として進めている国も多くなってきている。ダボス会議で有名な世界経済フォーラム（WEF）は、2020年に「リスキリング革命」という考え方を打ち出し、２０３０年までに世界で10億人のリスキリングを目指すとの宣言を行っている。

ココロへの配慮

さらに、企業での戦略転換と同時に、働く人も「革命的」に変わってきている。特に、若者の価値観が変化、多様化し、またこうした自分の生活上の好みや価値観などを働くうえで重視する傾向が顕著である。

例えば、２０１６年に行われたデロイトの調査でもこうした傾向が見られた（図表１－3）。企業から就職のオファーがあった場合、ミレニアル世代（１９８１年以降に生まれた世代）が、意思決定をするにあたって重視する項目は、「金銭報酬」を除くと、「柔軟な勤務時間」（57％）や「心身の健康実現に向けた取り組み」（50％）が高く、「継続学習の機会」（30％）などよりも高いのである（対象：世界30カ国、約８０００人）。

このデータは、世界30カ国の結果であるが、皆さんの企業での最近の採用状況を見てもこうした傾向が見られないだろうか。

図表1－3　デロイト・ミレニアル調査（世界30カ国版）

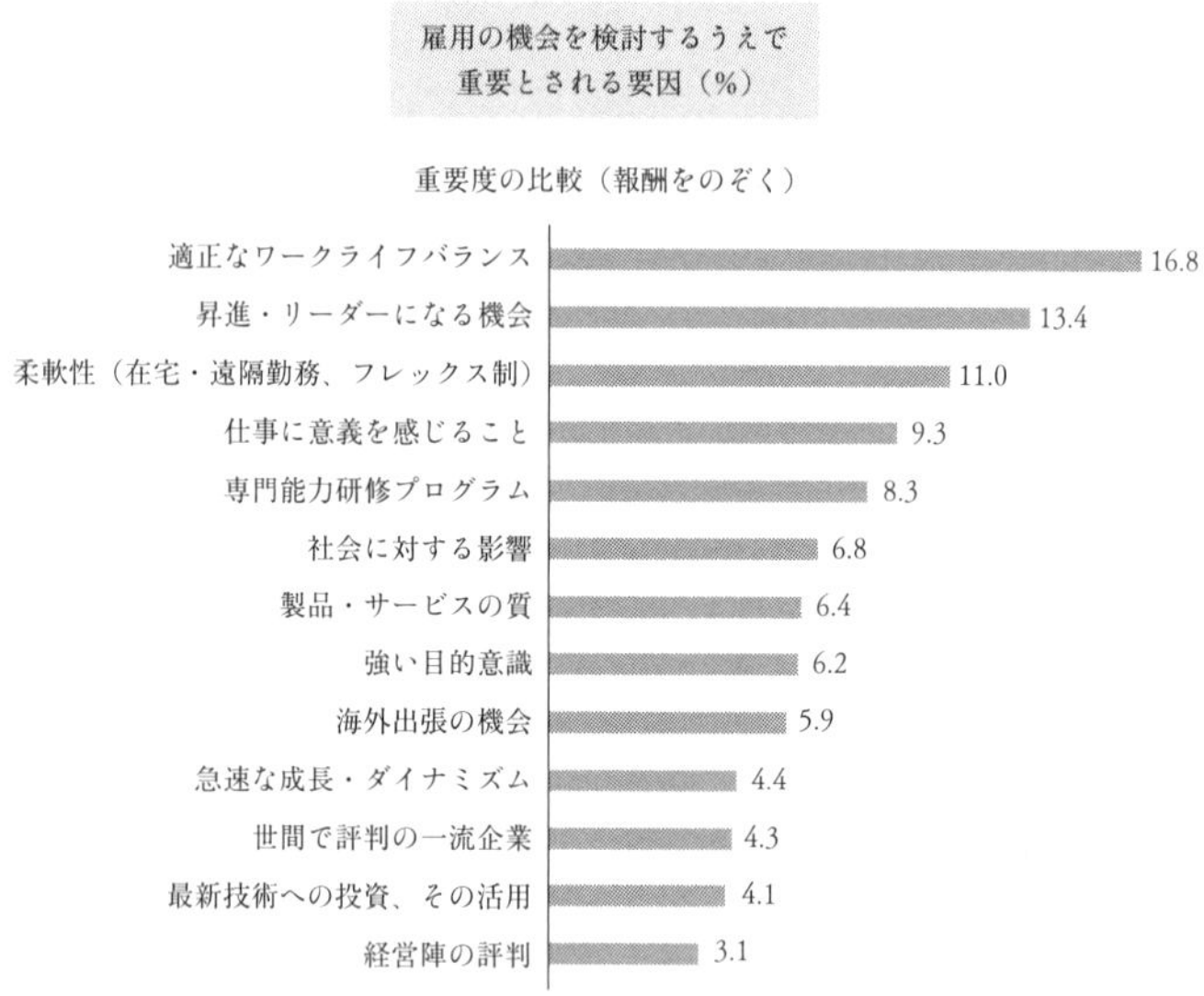

質問：ある組織を就職先に選ぶ際に重要視する要因を4つまで挙げてください

（出所）デロイトトーマツ「デロイト・ミレニアル年次調査2016」

ちなみに、日本の若手（ミレニアル世代１９８３～１９９４年生まれ）とＺ世代（１９９５～２００３年生まれ）に対する２０１９年の調査（デロイト・ミレニアル年次調査２０１９）によると（図表１－４）、ミレニアル世代の場合、人生の目標として、59％が「高収入を得る」を目標としたうえで、「自分の選んだキャリアで幹部になる」は26％であり、比較して「子供／家庭をもつ」は32％が選んでいる。同じ調査によると、ミレニアル世代より若いＺ世代（１９９２年～２００２年生まれ）でも、ほぼ同様の傾向である。わが国でも、早晩こうした価値観をもつ世代が、労働人口でマジョリティになる時代が予想されている。

企業目的の達成には働く人の協力が不可欠である。人材が人的資源と呼ばれるゆえんである。だが、人材は企業経営の「資源」になるために企業で働くのではない。個人の目的や思い、人生を背負って企業経営に参加してくるのである。やや文学的な表現をすれば、「ヒトは心をもつ資源」なのである。

そのため、人材マネジメントとは働く人の視点を考慮に入れて、働く人を「その気」にさせながら、企業目的を達成していく作業なのである。考えてみると、これは経営そのものかもしれない。働く人がこれまでと異なった価値観を主張するようになってきた今、コ

図表1－4　デロイト・ミレニアル調査（日本だけの集計）

ミレニアル世代の人生の目標トップ5（%）

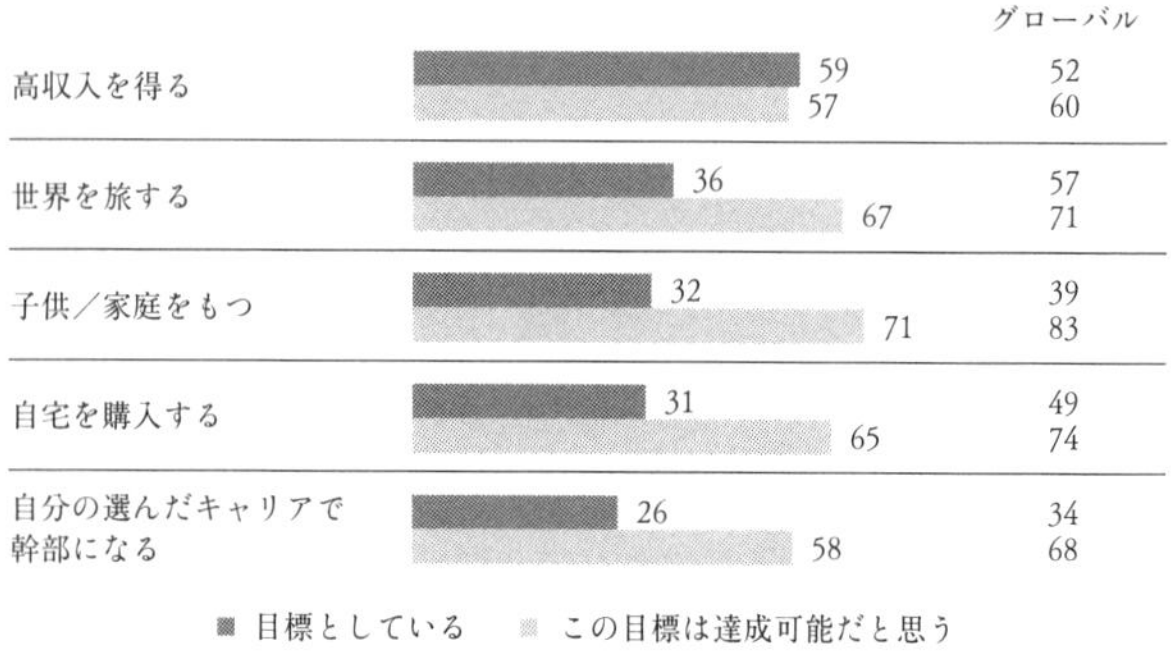

Z世代の人生の目標トップ5（%）

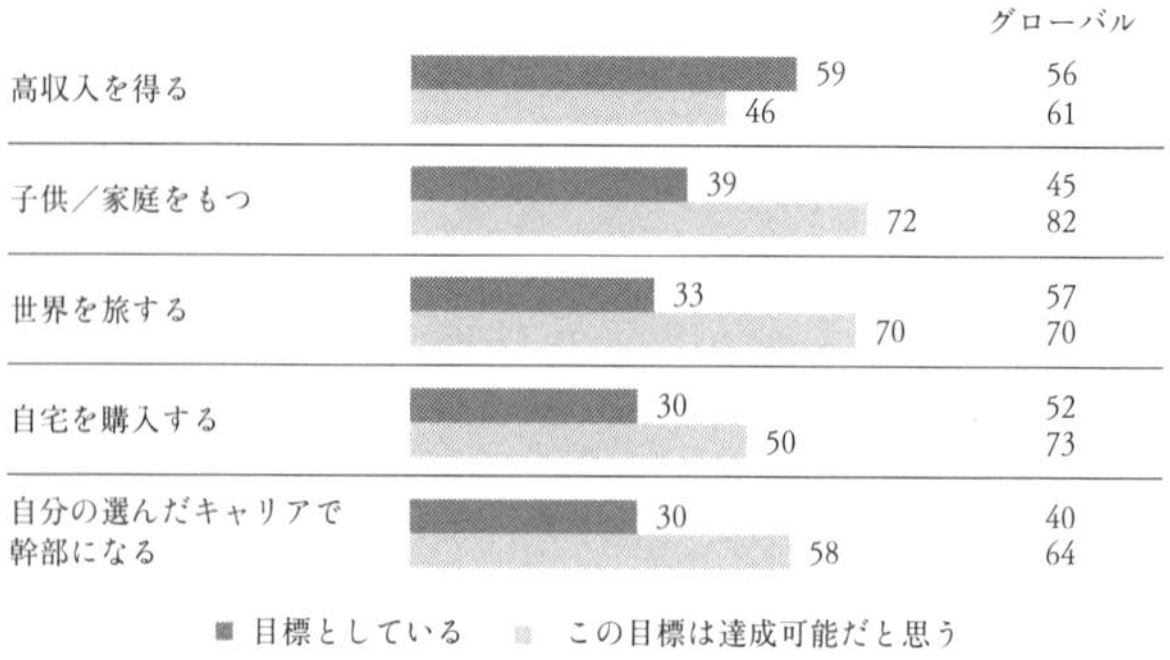

（出所）デロイトトーマツ「デロイト・ミレニアル年次調査 2019」

コロを考慮しない人材マネジメントは企業に貢献できない。経営に「他人を通して物事を達成する」という定義が与えられる時、経営とは、人のココロ（とその変化）の理解なしでは、成り立たないのである。

日本は「隠れた人材不足」

もちろん、こうした新たな価値観はわが国のミレニアル世代、いや若手一般に共有され始めているが、表立ってこうした価値観を企業に要求するという傾向は他国に比べて弱いという議論もある。ワークライフバランスが重要だと思っていても、それを面と向かって組織に要求するというよりは、深く心の奥底にもっており、顕在化はさせないという人達が多いように思われる。

その意味で、わが国のミレニアル世代とそれ以降は、欧米のような価値観の変化と自律性を併せもった存在というよりは、より柔軟な働き方が良いと思いつつ、要求や行動には出さないという特徴をもつのである。

例えば、終業時刻になったからといって、他人がどうあろうと、帰り支度を始める人は今でも少ない。その意味で、外国の働き手のように、自律と価値観を併せもっていないのである。「自律なき価値観の変化」がわが国の特徴とも言える。

ただ、だから安心かというと、そうでもない。こうした働き手ほど、何かきっかけがあると、心に秘めた価値観を突然顕在化させるのである。上司にいつもよりきつく叱られた時、仕事が失敗した時などもあるし、また子育てが一段落して、育児休暇から戻る時などもある。こうしたことをきっかけとして、突然離職するなどの行動にでるのである。または仕事へのモチベーションを大きく下げ、仕事を頑張らないという状態に陥る働き手もある。

こうした変化は前触れなしに起こるから、現場の上司も人事部門も対応できない。普段から小出しにしておいてくれれば、一定程度の対応ができたものを、自律しておらず、普段は周りに合わせようとしているから、まったく気が付かないということである。その意味で、人事部門は従業員の隠れたニーズの把握と対応が重要になる。

こうした状況はいわば、表面上は職場に来ており、数的には充足していても、戦力としてはフルに活用できていない人材がいるということである。いわば「隠れた人材不足」である。

コロナ禍の影響

さらに直近起こりつつある変化としては、新型コロナウイルス感染拡大による企業経営への影響がある。テレワークや在宅勤務などのいわゆる「リモートワーク」は、コロナウイルスの感染拡大に伴って大きく浸透している。

パーソル総合研究所による正社員を対象とした全国調査によると、テレワーク（在宅勤務）経験者は、緊急事態宣言発出前の２０２０年３月初旬から解除後の５月末にかけて、13・２％から25・７％と２倍近く増えている。東京の大企業に限った東京商工会議所の企業調査によると、３月中旬から５月初めにかけて、実施企業が東京では57・１％から90％に増加している。

また２０２０年末の現在も大企業を中心に、コロナ感染収束後も、一定の割合でテレワークや在宅勤務を続けていくという発表をしている雇用主が多い。例えば、厚生労働省が２０２０年11月に行った調査では、既にテレワークを導入している企業のうち43・７％が、今後もコロナ流行時と同程度か拡大して、テレワークを継続したいと考えている。また生産性本部が行った企業のCEO対象の調査では、約100名のCEOのうち、54・4%が、コロナ感染症の拡大が、自社に与える長期的な影響として、「デジタル主導の組織への変革ペースを進める」を選んでいる。

つまり、新型コロナの感染拡大により、働き方は分散的になり、個々が個別に仕事をする場面が増えてくる可能性があるのである。働き方は大きく非接触型になるかもしれない。今回の新型コロナ感染拡大は、人々の働き方、ひいては、組織のあり方に大きな影響を与える可能性があるのである。

例えば、組織といえば、これまでは、一カ所に集まって仕事をする複数の人々という形態が最も一般的だったものが、お互いに離れた場所で、インターネットなどの電子的な手段で、それも常時ではなく随時つながっている形態が多くなるだろう。

さらに、働き方の変化は、マネジメント行動も変化させ、これまでのような監視型のマネジメントから、権限委譲を行い、チームのメンバーが自分で仕事のプロセスなどを決定し、結果や成果だけをチームに戻す方式が増えるだろう。ただ、それでも組織なので、こうした自律的に働く個々のアウトプットは、まとめあげられ、組織やチームとしての成果として連携されないとならないので、協働作業は必要である。

コロナ禍による今後の組織のあり方は、メンバーは自律し、分散して働くが、そこの組織としての協働がある、「自律・分散・協働型」になり、人と人とのつながり、コミュニケーションのパターン、マネジメントのあり方など多くの要素に、大きな変化が予想される。

また、マネジャーには、これまで自分の目の前にいる部下に対してマネジメントを行う状況が想定されていたのに対して、これまでと違い、目の前にいない、まれにしかコミュニケーションがとれない部下を管理することが求められるのである。これまで自明だと思っていた、組織、マネジメント、コミュニケーション、管理などの前提が覆される可能性がある。

さらに、人材側にもリモート、非接触状況で働ける能力やコンピテンシーが求められるようになり、こうした人材を多くの企業が欲しがるようになる。組織が変わる時も、そこで求められる一人ひとりの行動は変化するだろう。より自律的に働ける人材が求められ、また分散してアウトプットを出しながら、そうしたアウトプットをチームの他のメンバーと連携していくことのできる人材が求められるようになる。

実際、(株)グロービスが人事担当者を対象に2020年8月に行った調査では、今年

（2020年）の新入社員に、今後「自分で考え、自分で行動する自律型人材」になってほしいという回答は、69・5％もある。自分で考え、自分で行動するタイプの自律は、「仕事自律」と呼ばれる。仕事自律に対して、これまでよく議論されてきた自律は、「キャリア自律」である。ただ、自律的に仕事ができない人材に、どれだけ自分でキャリアをつくっていくキャリア自律を説いても無駄である。

人手不足ではなく人材不足

こうした数多くの変化が起こっていることで、戦略人事は大きな挑戦を受ける。当然のことだが、企業の経営戦略が変われば、必要な人材の資質や能力は、戦略やビジネスの内容によって変わってくるし、戦略目標やビジネスモデルが変化すれば求める人材も変化する。戦略が変化する時、必要な人材の質と量は大きく変化するのである。同様の状況が組織や人の変化によっても起こる。

ここで、強調しておきたいのは、戦略人事の観点で考えると、人材不足と人手不足とは異なることである。人手不足とは、単に労働力が不足している状況であり、今後労働人口の減少とともに確実に悪化する現象である。もちろん、ＡＩ（人工知能）などの技術革新によって一定程度の緩和も期待されている。

これに対して、人材不足とは、自社の戦略達成のための会社の競争力の源泉である人材の不足である。戦略人事では、その企業の競争力や他社との差別化の源泉となるような人材を「戦略人材」と呼ぶ。つまり、戦略上必要な人材である。こうした戦略人材が十分に確保できていない状態が人材不足である。

つまり、社内に人手は十分あるが、達成すべき戦略を担う人材が不足しているという事態も十分にあり得るのである。単なる人手であれば、ＡＩ等による代替も可能だろうし、景気が悪くなり、労働需要が減れば、ある程度緩和されるだろう。だが人材不足はそう簡単に減らないし、なくならない。

このことは、いわゆる自律型人材には、特に当てはまるかもしれない。人が自律して仕事ができるかは、その人のマインドセットや意識のもち方に関連する。そのため、自社にいる人材の多くが、マインドの面から見ると自律型ではなく、こうした人材を求めている状況からすると、「人材不足」の状況に陥っているのである。

今、わが国の企業を悩ませている人的資源の不足は、こうした類いのものであろう。それだけに人事部門はビジネスや戦略とその変化を見つめつつ、人材確保・活用を進めていく必要がある。

全員戦力化

人材不足という状況の下、人事戦略は、当然のことだが、可能な限り多くの人材を確保し、活用することが必要になる。私は、その時とるべき人事戦略を「全員戦力化」と呼んでいる。全員対象の人材マネジメントと呼んでもよい。文字通り現有の、また今後企業内に取り込むすべての人材を可能な限り活用して、人材不足を乗り切っていく戦略である。

仕事というものは、表舞台に立つリーダー人材だけで目標が達成されるわけではない。当然、上に立つ人材は必要だが、表舞台には立たない縁の下で活躍する人材や、花形を引き立てる人材も必要である。そうした人材まで対象にして、丁寧な人材マネジメントをやっていこうという考えが、全員戦力化である。

リーダー候補や優秀層に限らない、現場作業者、時にはアルバイトやパートなども含めて、全員の力を活用していくための仕組みだと言ってもよい。

つまり、全員に戦力として活躍してもらうための人材戦略、いや経営戦略が「全員戦力化」である。特にわが国では、雇用の流動性が低く、現場重視で、かつチームで仕事をしていく場面が多いので、このやり方が合っているように思う。

可能な限り多くの人材に丁寧な人材マネジメントを行っていれば、無駄になる人材を生む確率も低くなる。例えば、皆さんの企業では、第一選抜層未満の人たちに対して、いわゆる穴埋め人事や玉突き人事を行っていないだろうか。

そうした場合、空いた穴に配置された人は、自分がなぜその仕事に配置されたのかを理解できず、デモチベーションを起こし、これが繰り返されるといずれは貢献する気もなくなる。人材の無駄遣いである。

また職場に存在はするが、フルに仕事にエンゲージしていない人々が多い可能性もある。しばしば「人材」や「人財」に対し、「人在」と呼ばれる人たちである。第９章で述べる「エンゲージメント」が極めて低い人材などは、まさにそうした人材であり、多くは、本来やる気もあり、能力もある人材である。いうなれば、体は職場にいるが、ココロが伴わない人材であり、かけた人材投資に見合うリターンが期待できない。

企業経営なのでもちろん限界はあるが、本来人材マネジメントが目指す姿は、社内にいる人材の可能な限り多くを、モチベーション高く活用することなのである。全員対象の人材マネジメントは、人材全体のパフォーマンスを最大化するための仕組みである。

人材マネジメントの役割

戦略や組織が変化し、人そのものが変わりつつある今、多くの企業が人材不足に陥っている可能性がある。戦略や組織、人が変化する現在、人手が十分あったとしても、人材不足になる可能性は高い。経営環境やそれに対応するための戦略の変化は、新たな人材を必要としているのである。人材マネジメントの役割は、こうした経営の変化、組織の変化、人の変化のなかで、人材を確保し、活用することである。

第 2 章

組織力という考え方

人材不足の時代のもう一つの背景

前章で述べた、「全員戦力化」のためには何が必要なのだろうか。もちろん、優秀な人材を採用し、ちゃんと育成して、重要な仕事に割り振り、評価を行いつつ、インセンティブを与えながら活用していくことは重要である。

だが、本書では少し違った側面に注目する。それは組織である。もっと正確に言えば、組織力である。組織とは、人材が活躍するための舞台である。どんなに専門性の高い、優秀な人材が揃っていても、集団のベクトルが揃っていなければ、競争力には結びつかない。またお互いのコミュニケーションがあまりなく、途中で切れていても同じだろう。こうしたことは、人材の特性（専門性、能力、マインドセットなど）ではなく、組織の特徴なのである。

わが国の企業は組織力で勝ってきた

考えてみれば、もう30年以上前のことになるが、わが国の企業が「ジャパン・アズ・ナンバーワン」などの言葉までいただいて、世界的に競争力を誇っていたころ、いったい何が競争力の源泉だったのだろうか。優れた戦略か、または組織面での強さだったのか、どちらかだと言うことは難しいが、少なくとも当時の競争力の基盤として、優れた組織力があったことは否めないだろう。

一つ例を挙げよう。若手の育成である。わが国は、若手を中心に、人材を育成するために、現場のＯＪＴが機能してきた企業が多い。２０１７年度に厚生労働省が行った能力開発基本調査では、正社員の能力開発について、ＯＪＴ重視またはそれに近いと答えた企業は、合計71・４％であった。

若手の成長とは、単に育成の責任者（上司やＯＪＴリーダーと呼ばれる人たち）だけでできるわけではない。やや比喩的な言い方だが、「周りがよってたかって」若手を育てる組織があれば、組織が人を育てる。人を育て、リスクをとらせる風土のある組織が重要なのである。多くの企業の職場では、こうしたみんなで人を育てる風土が存在したのである。

ここに挙げたような組織能力はまさに組織がもっている力であり、組織として培った資産である。こうした力によってわが国の企業の多くは、他国の競争相手との競争に勝ちぬいてきたのである。

組織は、人が活躍する場

本書では、こうした組織としてもっている基盤的な強みや能力を、組織力と呼ぶ。組織の特性と言ってもよいし、組織がもつ一種の経営資源だと言ってもよい。現在企業には、多様な組織力が求められている。経営のグローバル化、働き方改革、女性をはじめとする多様な人材の活躍、M&Aや事業革新を中心とする新たな成長戦略の展開など多くの経営課題が山積しているからである。

さらに、例えば、最近多くの企業で戦略的に育成が進んでいる「経営リーダー」を考えてみよう。多くの優良企業ではリーダー候補が不足していると判断して、選抜を行い、多大な投資をして、リーダーを確保しようとしている。

だが、どんなに優れたリーダーを育成したとしても、周りのメンバーが、リーダーによるリーダーシップの下で、自律的に仕事を進め、共通の目的に向かっていかないと、リーダーの力は半減する。リーダーが十分活躍できないのである。

つまり、強いリーダーをつくるだけでは不十分であり、同時にそうしたリーダーのビジョンを解釈し、自律的に仕事をしていくフォロワーのいる組織をつくらないと、リーダー育成の真の効果は生まれないのである。

もちろん、組織能力には、高度なものと、基盤的なものがある。そして、当たり前のことだが、モノづくりの能力や知識創造力などの高度な組織能力は、組織内のコミュニケーションや働く人の活力や信頼関係などを基盤として成立するものだと考えられる。

組織論では、コミュニケーションや信頼（の構築）などの基盤的な側面を「基盤的プロセス」と呼んで、企業の競争力に直接つながる高度な組織能力と分ける場合もある。高度な能力としては、例えば、わが国で最もよく議論される、製造業のモノづくり能力である。または、有名旅館の顧客を圧倒的に満足させる力などを考えればよい。

長い時間をかけて、積み重ねられてきたノウハウや試行錯誤の経験から得られた暗黙知（言語化されていない知識）、さらにはそれらが具体化された機材などを指す。これらはより高度な組織能力であり、企業の競争力に直接結びつく。

これに対して、コミュニケーションや職場の活性化、成員の育成やお互いの信頼関係などは、組織としての基盤的な能力であり、コミュニケーションや信頼関係の構築などの、基本的な組織内機能は、モノづくりや知識創造などの、より高度な組織能力が機能するための前提となる組織力なのである。これらがきちんと機能していない場合、より高度なモノづくりの能力や知識創造の力などが失われる可能性も高いと考えられる。

逆に言うと、モノづくりや知識創造などのより高度な組織能力は、コミュニケーションや信頼関係の構築などの基盤的な組織能力が存在して、初めてつくられると考えるのである。基盤的プロセスのうえに、より高度な織力は構築される。

組織力と組織能力

経営学において「組織能力」という概念は、1960年代にイゴール・アンゾフによって提唱され、その後、ジェイ・バーニーによる「資源ベース論」やゲイリー・ハメルやC・K・プラハラードによる「コア・コンピテンス論」などに引き継がれて発展してきた。企業の「得意技」とでも呼ぶべきもので、競合企業との圧倒的な差別化を、持続的に可能にする能力を指す。

この分野の重要な論客の一人であるバーニーによると、「価値があり、希少で、他社による模倣が難しく、他の資源による代替が難しい時」、組織能力は他社との差別化につながるという議論がなされる。上記で言う、より高度な組織能力に近い概念である。

本書で議論する組織力という概念もここで言う「組織能力」の一部である。あえて異なった言葉を使った理由は、組織力という概念には、組織が有効に機能するために基盤的な広い組織能力を含めたいと考えたからである。いやどちらかと言えば、コミュニケーションや人材育成など、人材が活躍できる組織をつくり上げる広く基盤的な組織能力を指すために、組織力という言葉を使いたい。その意味で、どの組織も基盤としてもっているべき組織の基本機能のような能力までを広く指すと考える。身体能力に例えれば、特定の競技や技術で秀でた能力よりも、強い基礎体力の方である。

組織力の代表格は、社内のコミュニケーションが円滑に進む力のような基盤的なものから、人を育てる力、外部から大きな危機が訪れた時に組織として対応できる力、働く人のベクトルを合わせる力、リーダーが重視され、リーダーシップ文化が根付いている組織などがある。この上に、特定の技術や知識などの、組織能力論で言うところの差別化能力がつくられる。これらの能力は、他社との差別化となり、企業の持続的な競争力の基盤となり、長期的な競争力の源泉となる。

もうひとつ基礎的組織力の例を挙げれば、人材育成が組織文化になっている企業である。

こうした企業ではほうっておいても皆で人材を育てようとする。誰が育成責任者であるかを明確に決めずとも、みんなが若手を育成し、お互いに学び合う文化とそれを可能にする人間関係をもった組織は、極端に言えば、仮に人事部門が研修などに頼らなくても、人が育っていく。またリーダー育成などの、特定の目的をもった研修プログラムのようなものを人事部門が行ったとしても、その効果を発揮する可能性が高い。

さらに、一部には力と言うよりは特性と言った方が適切なものもある。例えば、単に社内コミュニケーションが円滑に進むという状態ではなく、経営環境が変わっても、その状態を維持する力である。本書では、こうしたものを広く組織力と呼ぶ。

組織開発から組織力開発へ

組織力の開発は、近年注目を浴びている「組織開発」と近しい関係にある。組織開発は、経営学の比較的古い概念であり、多くの教科書も出ている。米国では、この分野で博士号を出している大学もあるほどである。有名なクルト・レヴィン教授が、最初にこの言葉を使ったというのが定説であり、またマサチューセッツ工科大学（ＭＩＴ）のエドガー・シャイン教授なども、その流れを発展させている。
ただ、残念ながら、日本の経営学研究者の間では、近年まで、あまり組織開発論は注目されてこなかったのも事実である。人材開発や能力開発、キャリア開発など、人に注目した研究と比較して、数が少ない。ここ数年で関心が高まり、多くの研究書や研究者が現れるようになってきた。

また、実務界でも関心は高いが、実際に戦略的に実行している企業は少ないようである。米国の多くの企業にある組織開発部門（Organization Development Division）が存在する日本企業は、人材開発部門に比較して、直近まで極めて少数であった。組織開発のために、別枠の予算を確保している企業もあまりなかった。

もちろん、実践的には、日本の企業に組織開発的な活動が存在したことも事実である。いわゆる会社の運動会や社員旅行、または飲み会などである。これらの活動は、社内の人間関係を構築し、コミュニケーションを活性化するために多くの企業で行われてきたし、また現在も行われている。

組織開発とは、伝統的に組織内の人と人との関係に働きかけることで、組織変革を狙おうした経営作業であり、その意味で、これまでわが国の多くの企業が行ってきた作業は、伝統的な組織開発であったと言える。

そして、こうした組織開発が目指していた組織力は、基盤的組織力のなかでも基本中の基本、組織メンバー間のつながりとコミュニケーションである。基盤的という意味では、ほぼすべてのより高度な組織力が、この上に構築されると言っても過言ではない。

組織力開発の必要性

ただ、これからもこうした人のつながりやコミュニケーションを目的とした組織開発だけを行っていてよいのだろうか。今、働く人は個別のニーズを求めるようになっている。そのなかで、組織としてのまとまりや一体感、相互のコミュニケーションをとることが難しくなっている。またイノベーションや事業変革などが求められるなか、自律型の人材が活躍するための場も必要だ。

さらに、事業部等が利益責任をもつようになり、組織の各部分が自律するなかで、個別最適と全体最適の同時追求は、組織開発への投資をして初めて確保できるものなのである。そうでないと多くの企業が、組織とは呼べない、個別最適を求める人や部門の集合になってしまう。

こうした基盤的からより高度な面までの、組織力を開発する経営活動を、本書では、「組織力開発」と呼びたい。現在、経営環境や働く人の変化で、これまではあまり必要がなかった、または努力して構築しなくても獲得できた、組織力を構築する必要が出てきていると考えられる。直近で言えば、コロナ禍により、テレワーク等が拡まり、自律的でかつバラバラに働いている人材が、一つの組織としてまとまる力や、そうしたなかで人を育てていく力である。

変わる組織のデザインと組織力開発

ところで、組織というとき、もうひとつよく話題に上るのが、経営学で言う、組織デザインや組織設計に関する議論である。組織に関する組織設計や組織デザインとは、簡単に言えば、組織の骨格や骨組みの設計である。さらに、教科書的に分類すると、組織設計には、大きく2つの側面がある。

まず、どの課題とどの課題をひとつの部門にまとめるか、または分けるか、などに関する意思決定がある。組織として掲げている目標を達成するために必要な仕事のまとめ方に関する意思決定が、組織デザインの第一ステップである。少し専門的な言葉を使えば、分業に関する意思決定だと言ってもよい。多くの現場マネジャーが、日々、組織デザインの第一段階（＝課題や仕事の振り分け）に関わっているのである。

より大きな視点から言えば、機能や顧客、市場などの観点から、似通った仕事がまとめられるという意味で、専門化に関する意思決定だと言う人もいる。

そして、次の段階で、分業した課題や仕事間の調整をどう行っていくかに関する意思決定がくる。最も卑近な例で言えば、指揮命令系統の設計である。または、部門間連絡やコミュニケーションの仕組みの決定と言ってもよい。

この点で見ても、現場マネジャーは、日々、組織デザインの第二段階（＝部下と上司や、部下間のコミュニケーションルートの確立）に関わっていると言えよう。

言うまでもないが、分業がある以上、調整やコミュニケーションがないと、組織として目標を達成できない。したがって、目標の達成のためには、調整のあり方は大切である。調整のよしあしによって、組織としての機能は大きく変わってくるからである。なお、組織デザインの詳細については、沼上幹『組織デザイン』（日経文庫、２００４年）を参照願いたい。

だが、組織デザインも、変化の時期を迎えている。例えば、ここしばらく、わが国では、多くの大企業や中堅企業が、事業部制やカンパニー制を推進した。これは分業を進める組織設計である。だが、その結果、事業部間の情報交換やシナジーがうまくいかなくなったという話を聞く。これは、調整機能の不全である。ある意味では、デザインの仕方によって、組織の機能不全が起こってしまったのである。

組織開発が盛んな米国では、組織を設計して、分業と調整の体制を決定したとしても、そのなかに入るのは、多様な人材であり、文化や価値観が異なるなかで、効果的な組織として成立するためには、もうひと工夫が必要だったということがあるのだろう。

実際、米国の多くの企業では、組織づくりをミッションとするOD部門が、人づくりをミッションとするHRM（人材マネジメント）部門よりも大きな位置を占めており、こうした点から見ても、組織開発は、経営的に見て、とても重要な機能なのである。

優秀な人を外部労働市場から確保できても、組織づくりは、自分でやらなくては絶対に手に入らないということかもしれない。

また、グーグル、ナイキ、マイクロソフトなどの米国発ベンチャー型企業では、強烈な個性をもつ自律型人材の活躍が強みの源泉であり、そこでは、組織としての一体感、コミュニケーションなどを、積極的につくりこんでいかないと、組織としてのまとまりが確保できないこともあったのであろう。こうした企業では、ODは極めて中枢的な位置づけになっている。

そして組織力開発へ

現在、経営環境や組織デザインの変化や働く人の意識・価値観の変化により、戦略目的を達成し、競争力をつけていくためには、単にコミュニケーションや人と人とのつながりを構築するだけでは十分ではなくなった。組織力開発とは、コミュニケーションやメンバー間のつながりを超えた、一定の組織力にターゲットを絞った組織力開発なのである。

図表2－1にこうした意味で、今後、開発のターゲットとなる組織力をいくつか挙げておいた。これだけですべてではないかもしれないし、企業によっては、他にその組織に特有の重要な能力もあるだろう。だが、この8つは、多くの企業で共通して求められるどちらかと言えば基盤的な組織力である。

図表2－1　重視すべき組織力の例

1. 職場が機能する	5. チームが機能する
2. 働きがい・働きやすさを提供する	6. 働き手を尊重し、公平に扱う
3. ダイバーシティ・インクルージョンがある	7. 働く人のエンゲージメントを高める
4. ミドルが機能する	8. コロナウイルスに負けない

（出所）筆者作成

本書では、そうした組織力を開発し、向上させる経営活動を、「組織力開発」と呼ぶ。つまり、組織力開発は、単なる仲間づくりやコミュニケーションの活性化を越えた、企業が戦略目的を達成するために必要な組織能力・組織力を形成する活動である。人材を採用し、育成する、一連の活動を人材育成や能力開発と呼ぶのと同様の位置づけである。

必要なのは、組織をつくり、その能力を育成し、そのための評価とフィードバックを行いながら、維持・向上していく作業なのである。本書では、日本の企業にとって、今後必要な組織力を選択的に特定し、それらをどう開発していくかについて議論していきたい。

優れた人材に頼らない経営

なお、ここで注意してほしいのは、ここでいう組織としての強みとは、単に人材一人ひとりの強みや能力ではないことである。作業としては、人材に働きかけることで行われるが、個人個人の能力の開発とは異なるのである。集団のメンバーがある一定の行動パターンや意識を共有して初めて発揮される力が組織力であり、これを開発する作業なのである。

そのため、別の見方をすると、組織力を発揮して経営を行うということは、特別優秀な人材に頼らない経営を目指すということでもある。

優秀な人材がおり、その人に高い成果を出してもらえれば、企業はうまくいくかもしれない。でも、世の中には極めて優れた人材というのはそんなにいるものではない。また当然だが、そうした人材を確保するには、探索や採用、育成、報酬などの面で多くのコストがかかる。また、多くの優れているように見える人材も、実は周りの力を借りて成果を上げている場合も多い。実際わが国の組織では、仕事の境界が曖昧で、チームで成果を上げることが多い。一人の人材の力の発揮は、一人ひとりの働きが優れた組織に組み込まれているかに依存する。

組織力開発は競争力開発

組織力開発は、人材マネジメントの重要な一部である。組織力開発には、どういう組織力をもちたいか、強めたいかという目標を決定し、設定の側面から、それを評価し、フィードバックを通じて維持向上していく活動まですべてが含まれる。組織力開発とは、必要な組織力を開発する戦略人事である。

その意味で、組織の能力を開発する作業を、人材育成と同様に、「組織育成」と呼ぶ人もいる。これからの経営には、組織を育成し、必要な組織力を維持し、向上させる組織力開発が必要なのである。そして、組織力開発という概念は、これまでの組織開発のメインテーマだったコミュニケーションを目指した動きから、組織による差別化のための経営活動へと進化しつつある。必要なのは、組織開発ではない。組織力開発なのである。

私は、今必要な組織力開発とは、単に組織としてのまとまりや一体感といった、組織としての最低限の条件だけではなく、基盤的または、高度な組織力を目指すべきだと考えている。先に述べた、個別最適と全体最適の同時追求などを含め、企業には、競争力の源泉となる多様な組織としての能力や強みが必要だ。そしてこうした能力を確保した企業が、高い競争力をもつ。

つまり、企業が、組織としての強みを積極的に確保することを通じて、組織能力を基盤とした差別化を実現するための機能として、組織力開発は位置づけられる。実際、グーグルなど、欧米の多くの企業で、組織（力）開発が重要だと位置づけられている理由は、実はここにあるのである。

どんなに優秀な人材が揃っていても、弱い組織しか与えられていなかったら、その力は発揮できない。また集まっている人は、平凡な力しかなくても、組織がしっかりしていれば、全員の力を足し上げたものより大きな力が出せる。

その意味で、組織力に注目した経営を行うということは、全員の力を余すところなく、さらには個々の能力の和よりも、大きな成果を出すことになるのである。

全員戦力化のためには、組織力を重視した経営を行うことが必要になる。今、企業に必要なのは、組織力による全員戦力化を目指す動きである。人材の能力や潜在力を、有効に活用する一種の舞台の構築である。

第３章

職場に宿る組織力

職場由来の組織力

組織力を考える場合、特に重要なのは、職場に宿る組織力である。職場は組織力を構築し、維持し、向上するための重要な場である。逆に言えば、職場が荒れると組織力は大きなダメージを受ける。

では、職場がもつ組織力とは何なのだろうか。あいにく職場についての丁寧な研究は少ないが、私は基本的には、「協働」「育成」「所属」そして「同質化」の4つだと考えている。

①協働

この場合、協働の目的は企業目標の達成である。多くの場合、職場というのは、企業内で何らかの目標やミッションを与えられており、その目標の達成が最も重要な機能である。それを個人プレーではなく、メンバーの協働によって行うのが職場である。

特にわが国の場合、仕事を割り振る単位が職場であることが多い。それ以上の個人への仕事の割り振りは必要上行われるが、割り振られた仕事の境界には曖昧性と柔軟性があり、状況に応じて、変更されることが多い。

②人材育成

若手の成長を考慮しながら、チャレンジのある仕事を割り振る。さらにそのなかで上司やリーダーが、側で見張っているでもなく、といって放任するのでもなく、進捗管理を行う。職場はこうした丁寧な人材育成を可能にしてきた貴重な場であった。日本企業でOJTを活用して人材育成が進んだのは、職場がしっかりしていたからである。

③働く人が所属するコミュニティとしての職場（所属）

職場での人間関係やネットワークに入り、受け入れられることで、私たちは、所属感と安心感をもつ。職場というのは、人々にとって、多くの時間を過ごすところである。そこで仲間に受け入れられ、所属しているという感覚がある状況は、心理的にも安心感がある。

また企業全体への入り口となるのも職場である。考えてみてほしい。多くの人は、新入社員の時、職場を通じて企業や組織全体を考えたのではないだろうか。最初は、新入社員として入ってきた部門やチームでの人とのつながりから、その他の部門や会社全体が見えてくる。職場での活動やつながりを通じて、企業全体に対する愛着心が湧いてくることも多い。

④同質化

学問的な言葉を使えば、「社会化」の場である。社会化は、育成とは少し違う、価値観や文化、考え方の共有を目指した職場の機能である。そうした価値観や考え方の基礎を共有することで、人材は、その企業のメンバーになっていく。これまで多くの企業で、会社の理念や価値観が最終的に腑に落ちるのは、人事部の説明やパンフレットなどではなく、職場での一言、二言を通じてである場合が多かった。

職場のウラ機能

これらがオモテの組織力だとすれば、職場は、長い間ウラの機能も備えていた。例えば、協働に対する競争である。協働をするなかで、お互いに誰がどの程度仕事ができるかを評価し合い、そのなかで自分がより良い仕事を行おうとする競争があった。職場というのは、少なくともこれまでは、メンバーがお互いに目で見てわかる距離で働いていたために、そのなかにライバルを見つけるのは容易だった。職場は、協働の場であると同時に、競争の場でもあったのである。

さらに、育成の場であると同時に、評価・選別の場でもあった。簡単に言えば、優れた人材とそうでない人材とを見分ける場である。能力ある人材は、職場のなかで評価され、チャレンジ性のある仕事を与えられてテストされ、勝敗が決まって、選別されていった。こうした丁寧な評価を可能にしたのも、職場なのである。それも、職場の人間的なつながりを壊さずにゆっくりと差別化したのである。

また、所属の対象としてのコミュニティであると同時に、参加の対象でもあった。所属と参加とは、程度の違いのように思われるかもしれないが、参加は、その組織の目標に共鳴したり、インセンティブに引き付けられたりして、自律的に一員として加わる状態である。所属はそうした参加者の意図や経緯に関係なく、自然と一員として入っている場合である。例えば、会合には、「参加」しており、家族には、「所属」しており、職場はその中間であると言える。

その意味で、職場というのは、両方の面があり、一人ひとりの意思により選んで「参加」できる場ではあるが、同時に「所属」という側面ももっていた。また、安心の提供や他のメンバーによる受容など、時間がたつにつれて、所属に伴う特徴が大きくなることが多い。職場というものは、参加から始まるのかもしれないが、一定の時間がたつうちに、所属へと変化するのである。

図表3－1　職場が担う基本機能

基本次元	オモテの機能	ウラの機能
目標の達成	協働	競争
人材育成	人の育成	人材の評価（選別）
アイデンティティの基礎	所属（コミュニティ）	参加（組織）
多様性（ダイバーシティ）への対応	同質性の促進	異質性の促進

（出所）守島基博『人材の複雑方程式』日本経済新聞出版、2010年

ただそうは言っても、職場であれば、究極的には、参加するしないを決定できた。その意味で、家族やムラなどのコミュニティとは大きく違う。そしてそのことが、集団による個の圧制を食い止めてきた場合もある。

また、職場は、同質化を進めるなかで、同時に自分の意見が安心して言える場として、異質性を促進する場でもあった。異質性やダイバーシティは、それが潜在的に存在するだけではダメで、それが行動や考え方として表に出されなければならない。職場は、受け入れたメンバーに対しては、異質性を安心して表出する場を提供してきたのである。

最近議論されるようになった「心理的安全性（サイコロジカル・セーフティ）」を提供する場ということかもしれない。心理的安全性とは、他者からの反応に怯えたり、羞恥心を感じたりすることなく、自然体の自分をさらけ出すことができる状態のことである。

これらの考え方をまとめたのが、図表3－1である。これまでの職場は、協働、育成、所属、同質化という4つのオモテ機能を、各々のウラ機能とバランスを保ちながら、維持してきた。バランスのありようは会社や業態によって違うだろう。全体として一つのまとまりをなし、この全体が職場のもつ組織力である。

組織弱体化の兆候

だが、今、危険な兆候が見られる。それは、職場がもつ組織力の弱体化である。多くの調査が、職場の変化として、コミュニケーションの減少、活気の低下、メンタル面で問題を抱える人の増大や個人では会社への信頼感が減っている傾向を示している。

図表3－2はやや古いデータだが、リクルートワークス研究所が、2009年に行った調査の結果である。この調査では、働く人に、現在、職場でどういうストレス要因が起こっているかを尋ねている。結果を見ると、特に、育成・人事に関わる側面が機能しておらず、働く人にストレスを与えているようである。他の側面の機能低下も、一定程度ストレスの原因となっていることがうかがえる。

図表３－２　職場でのストレス状況

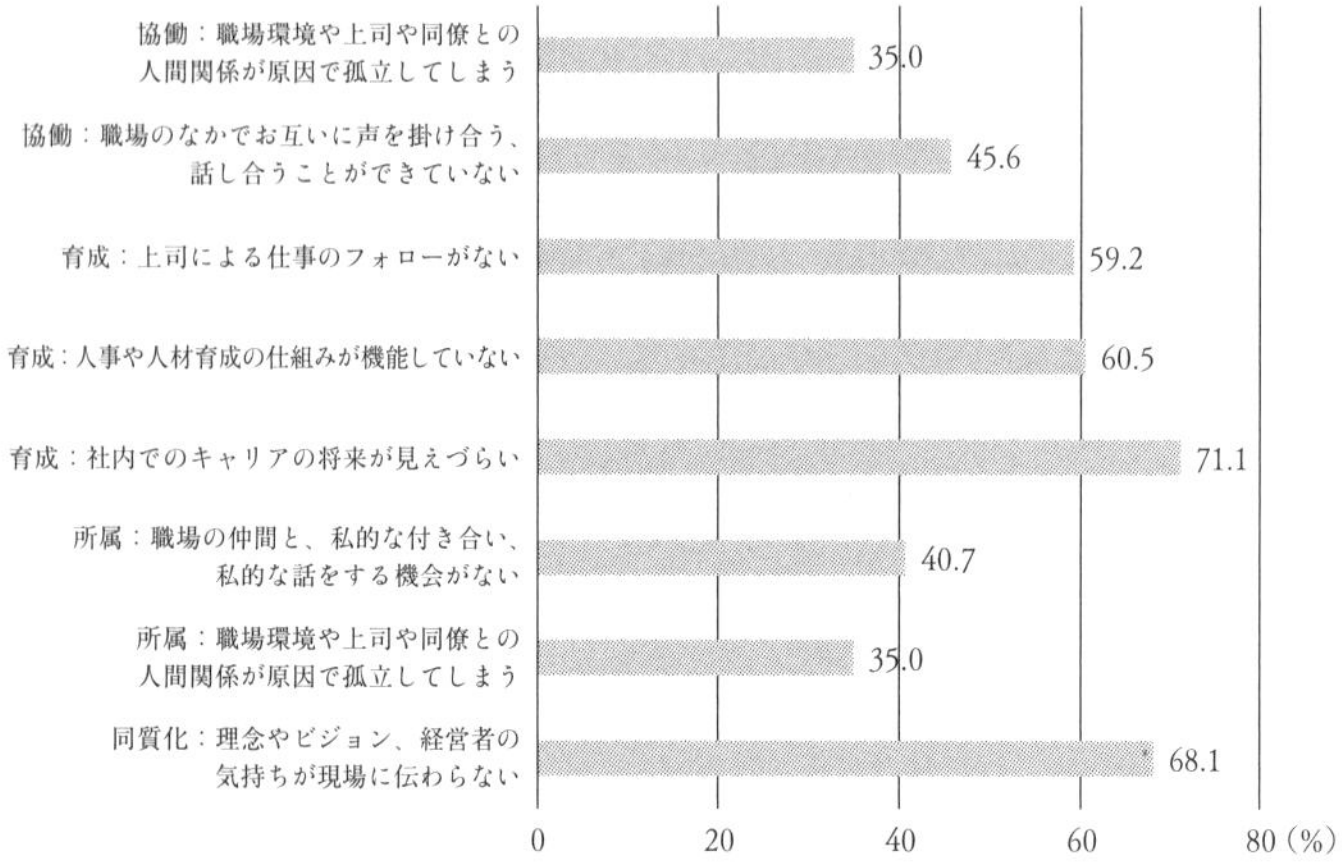

（出所）リクルートワークス研究所『職場ストレス実態調査』2009年

また図表３－３は、私が２００５年に行った調査の再集計であり、過去３年間で職場そのものや職場のなかでの自分に起こった変化を聞いた合計24項目中、職場に関係する変化と、自分に関する変化と思われる項目の上位５つずつを抜き出したものである。対象は、ホワイトカラー職場で働く従業員約２８００人であった。

当たり前のことだが、職場でのコミュニケーションや活気・元気などは、組織が戦略を実行し、戦略目標を達成していくための重要な基盤であり、また、会社への信頼感は働く人が働きがいをもって仕事をするための基本である。

たとえ、３分の１の職場といえども、こ

図表３－３　過去３年の職場と自分に関する変化、上位５位

「職場に関する変化」項目	「そう思う」「どちらかといえばそう思う」を選択した割合（N=2,823）
1. 仕事のできる人に仕事が集中するようになった	55.6%
2. 進捗管理が厳しくなった	41.6%
3. 自己都合で退職する社員が増加した	39.6%
4. **若年層の育成に手が回らなくなった**	27.1%
5. **職場で協力し合う雰囲気がなくなった**	19.3%
「自分に関する変化」項目	そう思う」「どちらかといえばそう思う」を選択した割合（N=2,823）
1. 精神的ストレスが増加した	59.6%
2. 会社全体の業績に関する意識が高まった	56.5%
3. **自分の業績達成を強く意識するようになった**	47.4%
4. 仕事に必要な知識の習得に励むようになった	45.8%
5. 仕事上の目標がより明確になった	39.4%

（出所）（独）労働政策研究・研修機構『変革期の勤労者意識――「新時代のキャリアデザインと人材マネジメントの評価に関する調査」結果報告書』労働政策研究報告書、No. 49, 2006. なお、項目の２分類は筆者による

うした面での劣化が見られるということは、多くの企業において、戦略を実行するための基盤が揺らいでいることを示唆する。こうした結果は、経営者や人事部門などが、自らの企業について、確かめてみるだけの注意信号は十分出しているのではないだろうか。

さらに、このデータのなかで注目すべきは、最も選択率の高い、「仕事のできる人に仕事が集中する」であろう。結果が求められる職場で、仕事ができる能力の高い人材には、仕事が集中するという現象である。

こうなると、2番手、3番手の人材には、仕事が配分される可能性が低くなり、それ以上の能力向上が望めず、意欲を落とすことも考えられる。また仕事が集中している本人は、重圧の下、メンタル面での課題を抱える可能性もある。

また図表3－3のなかで太字になっている部分にも注目したい。例えば、回答者の4分の1以上が、自分の職場では若手の育成機能が低下していると答えている。また、5分の1近くが、職場での協力し合う雰囲気が低下していると答えている。

なお上位5位までという制限を設けてしまったので、図表3－3には示していないが、職場に関する変化の第6位は、「職場内で社員の間の競争意識が高まった」（15・3％）である。図表3－2の結果と軌を一にしている。

職場でのチームワーク、仲間からの受け入れとその安心のなかでの個性発揮など、職場の組織力が可能にしてきたものは多かった。だが、残念ながら、これらの多くは、ダイバーシティ、ICTの進展、在宅勤務、前述したミレニアル的価値観の浸透などによって、壊れやすいものなのである。いや既に壊れてしまっている企業も多いだろう。

また図表3－2にもあるように、組織全体を見ると、理念や経営ビジョンの浸透が毀損されている可能性もある。各部門の独立性が高まり、利益責任が強調されるにしたがって、会社全体で共通の理念やビジョンをもつことは難しくなる。

そして、厳しさを増している職場には、お尻をたたかれて、頑張らざるを得ない働き手がいる。ストレスをためつつ、会社と自分の業績に強い関心を抱き、自分の目標が明確にされるなか、変化や仕事量の増加に対応するために、一所懸命新しい知識やスキルを勉強しようとしている個人がいる。こうした図柄が、2000年ぐらいのバブル経済崩壊以降、ずっと日本の職場での実態なのだろう。図表3－3の調査は2005年に行ったので、この約5年後の状況が図表3－2である。新たに丁寧な調査がないのでわからないが、今はどうなっているのだろう。

私は、2010年の著書『人材の複雑方程式』（日本経済新聞出版）でこうした職場機能の低下や毀損の状況を、「職場寒冷化」と呼んだ。ここに挙げたデータから示唆されるように、ホワイトカラーの職場は、今世紀に入って「寒冷化」していた可能性がある。

特に危うい職場の人材育成

そして、企業の競争力という点から、最も注意したいのが、職場での人材の育成である。図表3－2と図表3－3の結果でも、人事・人材育成機能が低下していることが示唆されている。

人事のなかの人材育成というと、研修を思い浮かべる読者もいるかもしれないが、企業内の人材育成のうち、業務上重要なものは、ほぼすべて現場でのＯＪＴが担ってきた。わが国が誇るモノづくりやおもてなしなどの、顧客にとって価値ある従業員行動を、世代が代わっても維持し、改良することには、現場育成、つまりＯＪＴが大きく関わってきたのである。

だが、ＯＪＴは極めて危うい、壊れやすい存在でもある。例えば、上司・先輩など教える人と教えられる人とのコミュニケーションが低下するだけで、学びの質も低下する。また以前の企業では、「背中を見て育て」的なＯＪＴが強調されることが多かったが、背中を見ての職場育成が成立するには、多くの条件が必要である。

まず上司や先輩の側に、見るべき背中が一定数存在しなければならないし、学ぶ側が背中を注意して見なければならない。残念ながらこうした条件が存在しない職場では、背中を見て学ぶＯＪＴは機能しないのである。

私が２０２０年に行った調査だと、多くの日本企業において、業務スキルや専門能力の開発に関して現場でのＯＪＴを重視する傾向には大きな変化はなかった。

だが、同時に、職場でのＯＪＴは、部門主導で企画運営されており、計画や執行、およびその中身に関して、人事部門や経営から見て、ブラックボックスになっているケースが多かった。さらに育成の有効性や結果を、人事部門や本社が把握していない場合も多かった。経営環境や仕事の中身、働く人の意識などが変化するなかで、このままでよいのだろうか。

オモテとウラのアンバランス

職場の機能が、現在揺らいでいる。この揺らぎの実態は、オモテ機能に対して、ウラ機能が大きなウェイトを占めるようになってきたという姿である。

その意味で、完全な職場機能の崩壊ではなく、これまでオモテの陰で、ひっそりと機能していたウラ機能が肥大化してきたために、職場の変質が起こったということが言えるかもしれない。

経営のなかで、職場が衰退し、そのなかで職場がもつ組織力が弱体化し始めているのではないだろうか。そしてこのことは企業の競争力といった観点から見ると、大きな問題を含んでいる。

例えば、製造業の競争力の源泉といわれる、「すり合わせ」について考えてみよう。モノづくりの研究を続けている研究者によれば、日本企業（特に製造業）の強みのひとつは、すり合わせに関する組織能力であるというのである。

だが、実はこうしたすり合わせを可能にしてきたのは、機能する職場の存在であり、それがしっかりしてきたからこそ、このすり合わせ能力が培われ、維持されてきたという可能性が高い。同様のことが、現場発のイノベーションを重視する戦略という考え方にも当てはまるかもしれない。こうしたイノベーションを「創発的イノベーション」と呼ぶ。

つまり、すり合わせや創発的イノベーションは、広い意味で、職場に存在する組織力を前提とした日本企業の強みなのである。そしてそこでの前提は、働く人が集い、コミュニケートし、若手がチャレンジされて育成され、時には仲間に癒やされる場としての職場なのである。そうした力を兼ね備えた職場が強い、または強かった。基盤としての職場の組織力が失われれば、競争力も毀損されるのである。

なぜそうしたことになったのか

なぜこうしたことになったのかについては、議論が分かれるところだろう。ひとつの可能性は、1990年代から現在まで続くわが国企業の大きな経営転換である。この時期多くの企業が新たな経営施策を導入し、経営改革に乗り出した。1991年辺りに起こったいわゆるバブル経済崩壊がきっかけといわれるが、それまでの経営モデルが様々な場面で機能不全に陥っていたという点が、その基底にあった。

なかでも、重要な変化がいわゆる成果主義の導入であろう。2006年に行われた労働政策研究・研修機構の調査によると、成果主義的な評価・処遇制度導入のピークは、2000年前後であり、2004年以降は新規導入が大きく低下する。その意味で、今世紀の初頭に起こった、ブーム的な人事改革と言えよう。

成果主義とは、それまでの人材評価および処遇制度の基盤であった職能資格制度（人材を能力の高低で評価し、処遇する仕組み）を変え、人材のより短期的な成果にもとづいて評価を行い、処遇につなげていくという考えにもとづく制度である。その中核的な導入理由は、調査結果などを見ると「従業員のモチベーションアップ」と「成果に応じた適正な資源配分（賃金の公正な配分）」であった。

結果として、その後少し一部揺り戻しなどもあったが、日本生産性本部の調査によると、成果主義的な評価・処遇制度を取り入れている企業は、現在おおよそ9割である。

成果主義については昨今でこそ議論が少なくなったが、2000年代の初めまでは賛否に分かれて盛んに議論されていた。特に大きな影響があったのは、高橋伸夫氏の『虚妄の成果主義』（日経BP、2004年）である。この本は、成果主義的な評価・処遇制度は、わが国の経営のあり方と矛盾する点が多く、そのために多くの労働者が成果主義によってモチベーションダウンに陥っていると主張した。

残念ながら、この仮説を丁寧に検証した研究は少ない。ただ、私の分析では、目標管理なども含めた、評価・処遇制度の総合的な改革でなければ、職場にマイナスの影響があるという結果が出ている（「成果主義の浸透が職場に与える影響」『日本労働研究雑誌』1999年12月号）。当時多くの企業で、よく練られた改革というよりは拙速な導入が行われた事実を考えると、成果主義の導入が職場を基盤とする組織力にマイナスの影響をもたらした可能性は否定できないであろう。他にもこの頃から職場に非正規社員が増加し、正社員に余裕がなくなり始めたことなどが職場の組織力毀損の背景として挙げられることも多い。

先に述べたような職場に基盤をもつ組織力は、高度成長期と呼ばれる1950年代半ばから1970年代初頭までにつくられたものである。1990年代からの経営改革に伴って、職場を基盤とする組織力が低下した可能性は大きい。

直近の職場に基盤をもつ組織力の状態

現在職場を基盤とする組織力がどういう状況になっているかは、先にも述べたように丁寧な調査がなく、よくわからない。ひとつのヒントが、厚生労働省の平成28年度版の労働安全衛生調査の結果である。ここでは「仕事や職業生活に関する不安、悩み、ストレスなどを相談できる人がいるか」という問いに対し、いると答えた割合が91・1％と、前年(84・6％)と比べて6・5ポイント増加しており、また相談できる相手として、上司・同僚など職場の仲間を挙げる割合も高く(76・0％)、一定レベルの職場のつながりはできているようである。また私の聞き取りなどでも、大まかな傾向は良い方向に行っているようだ。経営者や人事部門がこの問題に関心をもち、景気の回復や人材不足とともに、てこ入れをし始めたのかもしれない。

考えてみてほしい。これをお読みの皆さんの企業では、例えば、5年前に比べて、職場が弱体化している状況が見られないだろうか。

職場の弱体化とは、もう少し具体的に言えば、例えば、働く人の結束力が弱っている、働く人のモチベーションが低下している、職場に活気がなくなっている、職場でのコミュニケーションが減った、ＯＪＴが機能しないようになった、メンタルで潰れる人が増えたなどの現象に表れる症状である。

こうした症状は、働く人にとってもいわゆる「不機嫌な職場」で働くという意味で好ましくないが、企業としても戦略実行力の低下につながるため重要な問題である。

職場という組織力の源泉のような場が機能低下し、人が育成されず、働きがいがなくなり、働きやすさを感じなくなる。そういう状況だと、戦略目標達成に必要な人材の確保は量的・質的にも難しくなる。

近年は一部の企業で、いわゆる「従業員エンゲージメントサーベイ」が行われており、こうしたものの分析によっても、職場の状況を把握することはある程度可能だろう。経営者の本気度が問われる領域である。

第 4 章

従業員が働きがい・働きやすさを感じる組織

働きがいへの関心

第1章で紹介した、ミレニアル世代の価値観とも関連して、「働きがいのある会社」という考え方が近年、話題になってきている。企業というものが人で成り立っている以上、また人は企業に採用されるだけで優れた経営資源に変身するのではない以上（つまり、人という資源はココロや意志をもった存在である以上）、働きがいのある企業で、人はより良い資源となるだろう。研究結果を見ても、働きがいと企業の競争力は正の相関関係があるようだ。また実感とも合致する。

また、企業だけではなく、働く人もより幸せだろう。多くの人が企業や他の組織という場で生活の糧を得ながら人生をおくる、というのが現実である以上、その場で働きがいを感じられる方が、そうでないよりも幸せである。もちろん、相対的に職場や会社で一番生きがいを感じるかは別問題だ。そうではないと主張する人も増えてきた。

本章では、働きがいや、後述する働きやすさを従業員に提供する力は、重要な組織力であることを議論したい。第1章でも述べたように、人材不足がひどくなるなか、現有の人材が働きがいをもち、働きやすさを感じながら働いてもらうことは、必要な人材を確保・

活用するための重要な要件である。

働きやすさも重視されてきた

さらに、働きがいと同様に関心が高まっている概念に「働きやすさ」がある。特にワークライフバランスや長時間労働が話題になるにしたがって、多くの企業が関心をもっているようだ。ここしばらく社会的政策として進められてきた働き方改革は、主に働きやすさの向上を目指した動きだったと言える。

また、働く方も、働きやすさを重視するようになってきている。いや、正確に言えば、働きやすさを追求することを堂々と行うようになってきたと言ってもよい。つまり、以前から働きやすさは重視していたが、仕事を選んだり、企業を評価したりするなかで、働きやすさの要素を前面に押し出すようになってきている。

例えば、転職先を検討する際、ワークライフバランスを考慮すると答える傾向も高くなっている。(株)エン・ジャパンが2019年に行った調査（図表4－1）では、20代で転職をする際に「重視する」と答えた項目で、一番が「勤務地」（60％）であり、「仕事内

図表4－1　20代が転職先を選ぶときに重視すること

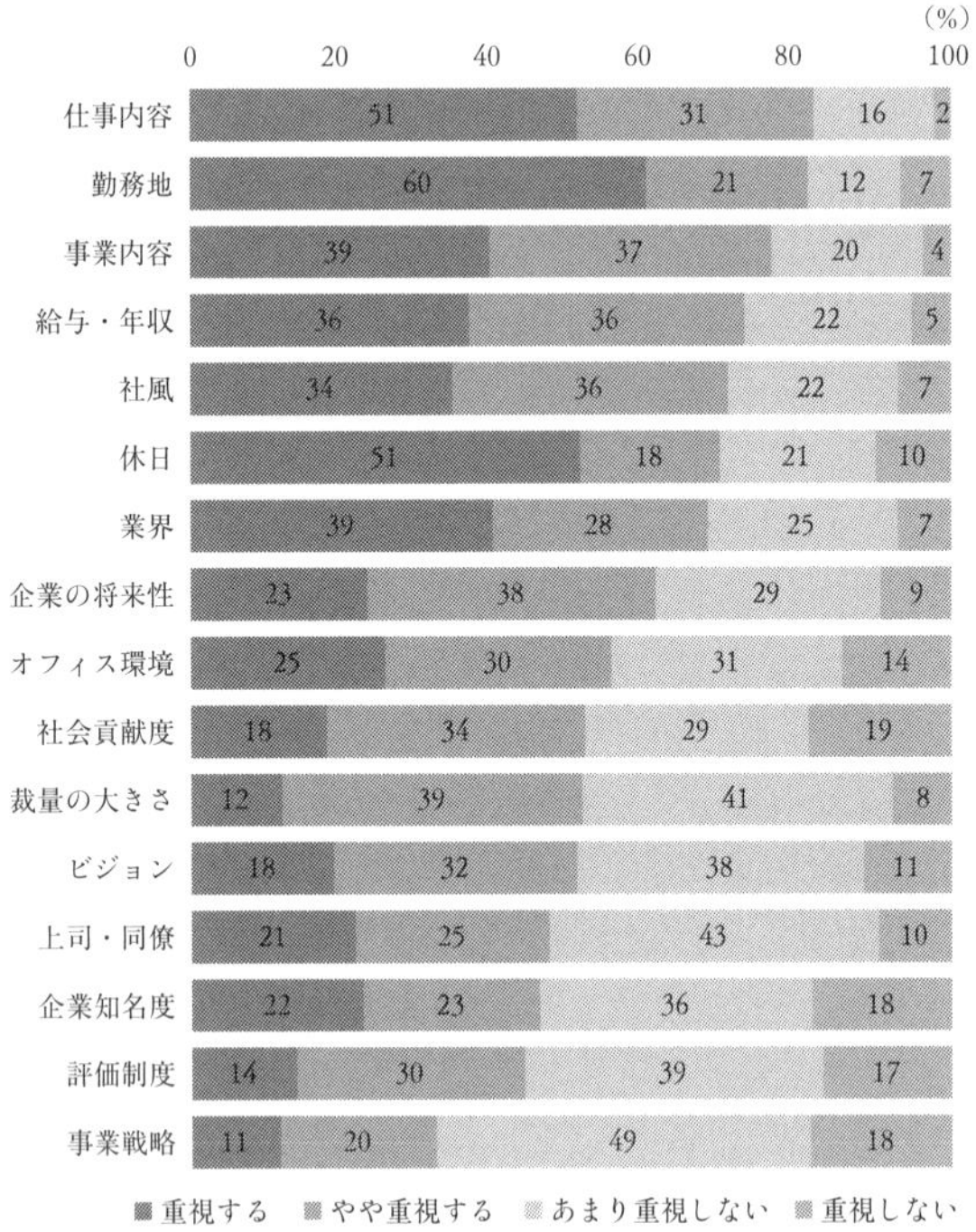

重視する	重視しない
82	18
81	19
76	24
73	27
71	29
69	31
68	32
60	39
55	45
51	48
51	49
50	49
47	53
46	54
43	56
32	67

（注）小数点以下で四捨五入しているため、合計は必ずしも100％にならない
（出所）エン・ジャパン調査、2019年

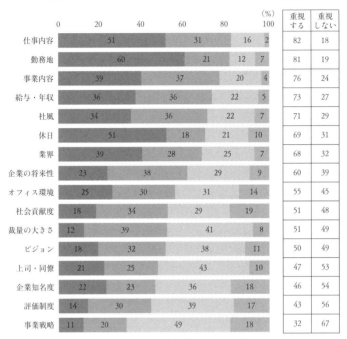

容」（51％）は、「休日」（51％）と同等の選択率である。近年こうした傾向が強まっていることは、第1章で紹介した「デロイト・ミレニアル年次調査」の結果でも示されている。

働きがいと働きやすさの違い

働きやすさとは働きがいと何が違うのか。私は、働きがいが、人材を前へ前へと押し出す力だとしたら、働きやすさは、それを阻害する要因を取り除くことだと考えている。

キャリアの今の段階で子育てに専念しておいて、子育てに手がかからなくなったら、再びキャリアの今の段階で子育てに専念する。働く人が、実質的にこうしたバランスを選択できる仕組みは、長期的な意味で、働きやすい職場を提供する。また、こうした企業は働きがいもあるだろう。

逆に、両方とも中途半端にしか実現できないような職場は働きにくいし、働きがいもない。働きがいと働きやすさは表裏一体のものなのである。どちらか一方では不十分である。

働きがいを追求するためには、働きやすさを提供しなくてはならないし、また働きやすさを提供しても、働きがいがなければ、ただの〝従業員に優しい会社〟である。

実際、今、企業経営のなかで、働きやすさと働きがいとを、両方を徹底して追求することで競争力を確保する企業が数多く出てきている。未だに外資系企業やＩＴ業界の企業が多いが、日本発の製造業などの企業も増えてきている。

そこでは、チャレンジのある仕事や、厳しい成果主義と公正な評価を通じて、働きがいを提供し、同時に極めて厚い福利厚生でそうした成果達成への阻害要因を減らしている。長期の休暇や従業員に広い裁量性をもたせた働き方やキャリア開発、さらには、社内の豪華カフェテリアやフィットネス施設などがしばしば紹介される。

働きがい戦略

こうした働きやすさという要素は、ひとつの大きな特徴をもっているのも事実である。簡単に言えば、働きやすさは、組織にいることの受け身の幸せ感にはつながりやすいが、必ずしも積極的な、意欲ややりがいにはつながりにくい。

例えば、働き方の選択が自由で柔軟性が高い場合、その企業に居続けたいとは思っても、自らの仕事に打ち込む意欲の源泉となるかはわからない。つまり、働きやすさは、働く人の意欲やモチベーションを必ずしも高めるわけではないのである。

実は、こうしたことは、かなり昔から組織行動研究の分野では議論されていた。最近では、マーチン・セリグマン（Martin Seligman）という心理学者が、幸せ感（happiness）には、普通の幸せ（well-being）と、真の幸せ（authentic happiness）があり、後者は、自分の能力を発揮する機会を与えられたり、大切だと価値を置いている仕事に携わったり、または自分にとって意味がある課題に取り組んだりして、自己充実を感じる時に感じる幸せ感だという主張をしている。

この区分は働きやすさと働きがいの違いにつながるところがある。働きやすさはwell-being（安寧、福利）を提供し、働きがいは、本来であれば、真の幸せを提供するのだろう。そしてそうした真の幸せは、働く意欲やモチベーションに結びつく可能性が高い。

もちろん、こうした議論への反論もあるだろうが、いずれにしても、働きやすさだけでどこまで有能な人材を惹きつけ、モチベートできるかは、大きな疑問であることは理解できる。セリグマンの言う、真の幸せによって惹きつけられる可能性の方がずっと高いし、また逆に働きやすさだけを求めて、会社に定着する人材を集めても戦力にならないのである。

働く人はパートナー

言い換えると、働きやすさは仕事と職場の再設計を通じて確保し、働きがいは正統な人材マネジメントを通じて確保することが、大切だということである。

ただ、この結論にひとつだけ注をつけておきたい。それは、往々にして、働きがいにしても、働きやすさにしても、従業員にとっては企業から与えられるもののように思われることについてである。

確かに、前述したように、企業や経営者の役割は重要だが、働きがいや働きやすさは、本来決して与えられるものではない。働きがいや働きやすさの確保は、企業側や現場リーダーだけの責任ではない。働き手の参加がなければ難しいのである。

やや比喩的な言い方だが、働きやすさも働きがいも、結局は、働く側と働いてもらう側で協働して成立するものなのである。

何らかのシステムを準備すれば、またリーダーが何らかのアクションをとれば、それで働きがいや働きやすさが成立するのではない。参加するメンバーが経営とともにつくりこんでいく過程があって、初めて存在するものなのである。

この過程では、働く人もパートナーなのである。働く人は、自分が何を求めるのかを考え、企業に伝えていく必要がある。特に今、働く人の多様性（ダイバーシティ）が高まり、多様な個性が企業で働くようになるにしたがって、企業は働く人のニーズを把握するのが難しくなっている。経営と働く側の対話が重要だ。

したがって、働きやすさと働きがいを提供するための組織力の基盤は、またしても、コミュニケーションなのである。働きやすさと働きがいは、うつろいやすい経営資源である。であればこそ、私は、企業のためにも、働く人のためにも、そうした努力を強化する時期に来ている気がする。

働く人から見た企業評価

それにしても、いったいなぜ最近になって多くの企業人や働く人が、働きがいに関心をもち始めたのだろうか。そのことを考えるために、働きがいや働きやすさの視点から企業や職場を評価するということを少し考えてみよう。

働きがいにしても、働きやすさにしても、共通しているのは、それが企業や職場の、働く人の視点からの評価であるということだ。その意味で、これまでの企業評価とは大きく異なる。

言うまでもないことだが、通常の企業評価は、経営の視点、または株主視点からの評価であり、その意味で、働く人視点の評価要素は入ったとしても、あくまでも経営視点からの評価の一部である。最近話題になっている無形資産会計における人的資本なども人材の能力や技能の価値などに注目するが、視点は経営である。

したがって、働きがいや働きやすさ（従業員にとっての企業の価値という意味で、仮の総称として「従業員価値」と呼ぼう）を評価するということは、ステークホルダーとしての働く人の視点に立った評価だとも言える。

株主が企業を株主価値という視点から評価し、投資先を選択するように、働く人が企業を評価し、自分の知的資本を投下する。そうした比喩も可能かもしれない。株式市場が効率的に運営されるための情報開示と同じで、人的資本が効率的にその企業に投下されるための情報開示だと言ってもよい。

従業員価値によって企業を評価することは、まず働く人がどこに自分の知的資本を投下するかを考える意味で重要なのである。そのため、労働市場が流動化し、働く人が選択権をもつ社会では価値が高い。実際、日本よりも労働市場の流動化の進んでいる米国では、こうした評価や、それにもとづく企業のランキングは以前から進んでおり、数も多い。

これまでの日本では、働く人は働く場所をあまり自由に選べなかった。株式市場の流動化の速度に比べて、労働市場の流動化は遅れていた。確かに、長期雇用でロックインされている場合、働く会社の選択は難しい。もちろん、労働市場全体で見れば、ここしばらくかなり流動化は進んできた。

さらに考えてみてほしい。働く人は、雇用を継続しながら、知的資本を投下しない選択肢を選ぶ可能性もあるのである。投下する量や質を減らす場合もあるかもしれない。平易な言い方をすれば、雇用されているが一所懸命に働かないという選択である。

そうした時に、働く人から高いレベルの努力を引き出すには、多くのコストがかかる。やりがいが感じられない仕事をしている従業員をモチベートする難しさを、思い浮かべていただければよい。このような状況は、特に長期雇用で人材が確保されている場合に発生しやすいコストである。

従業員視点からの評価を気にすることは重要なのである。働く人にとっては、進む雇用流動化のなかで、自分で働く場所を選択するという可能性が高くなる時に、自分の知的資本が最も大きなリターンを生む場面を選択するための基礎情報である。

また、経営にとっては、経営資源としての人的資本が効果的に調達され、活用されているかを知るための情報なのである。経営者が、従業員価値の実態を知ることは、よい経営を行ってもらうために経営を律するひとつの情報なのである。

また最近だが、人材が持続的経営の基盤であるという認識から、人材を丁寧に扱い、働きやすさと働きがいを与えているかに、株式市場も関心をもつようになってきた。資本市場も、企業評価の尺度として人材の働き方（働かせ方）を重視する傾向が強まっているのである。経営戦略の達成に向けた投資の把握という点において、人材投資は重要な判断材料として捉えられるようになってきた。

従業員価値の高い企業とは

では、いったいどのような企業で従業員価値が高いと判断されるのだろうか。既に述べたように、従業員価値を評価し、またランキングにまで結びつける努力は、主に米国発で多くなされているが、なかでも老舗は、Great Place to Work® Institute（GPTW）の考え方である。

ＧＰＴＷによる評価は、従業員が感じる働きがいの観点から、意識調査を行い、これを点数化し、一定レベルを超えた会社を「働きがいのある会社」として認定し、ランキング（格付け）を発表している。ＧＰＴＷは、米国で1991年に始まった活動であり、日本でも、2005年から格付けを行っている。現在は、世界約60カ国で活動している。

そして注目すべきなのは、この評価で、「働きがいのある会社」とは、「やりがい」と「働きやすさ」の両方が備わった組織だと定義されていることである。人のワーク・モチベーションは、多ければ多いほどやる気につながる「動機付け要因」と、それがないと不満が大きくなる「衛生要因」の2つからなるというフレデリック・ハーズバーグの二要因理論にもとづいた考え方である。

また働きがいは、信用、尊重、誇り、連帯感、公正の5つが揃っているときに成立し、働き手は会社に対して信頼感をもち、会社は人の潜在能力の最大化を達成できる、とされている。

この評価の仕組みの特徴は、中心に人と組織の関係の質（信頼と呼ばれる）があるという点である。従業員が組織と信頼関係にもとづいた関係を維持しているとき、まさに働く

図表４－２　GPTWの考える働きがいのある企業

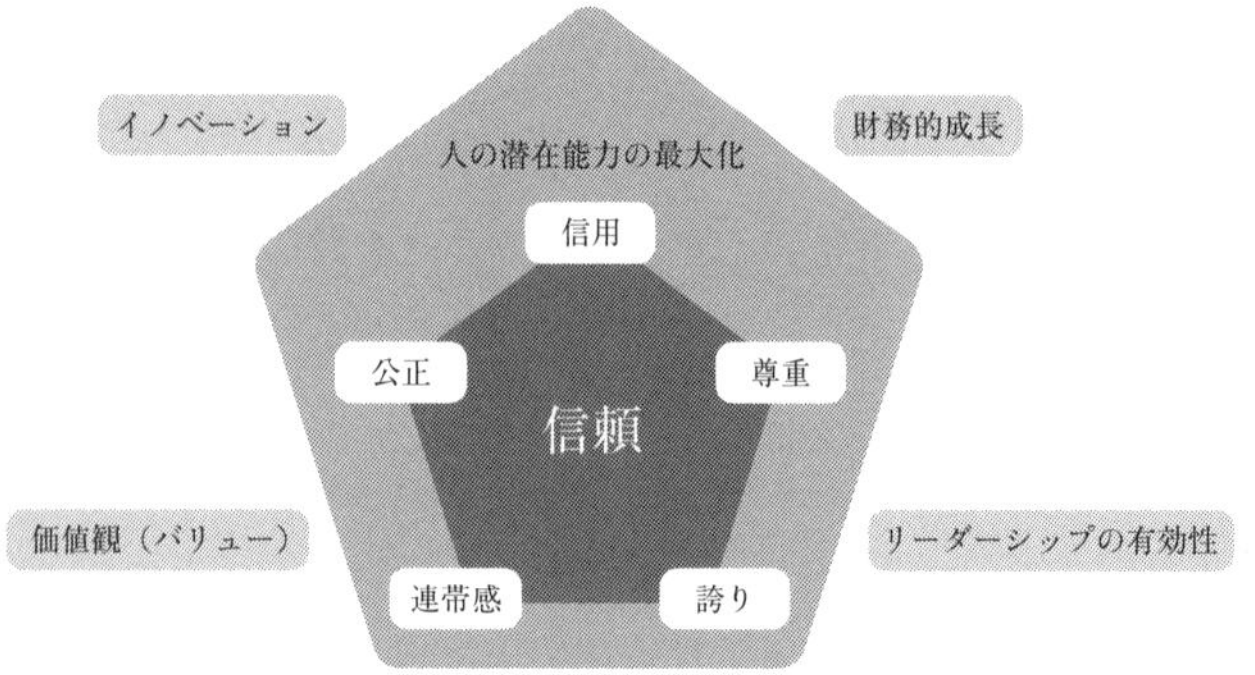

（出所）GPTWジャパン　ホームページ

のにGreatな会社だと評価されるのである。

図表４－２に、GPTWが考える働きがいのある企業の解説図を挙げておいた。真ん中の五角形が、働きがいを高めるモデルであり、上の２つ（イノベーションと財務的成長）は企業成果であり、下の２つ（価値観とリーダーシップ有効性）は、このモデルを支える要因だと考えられるだろう。詳しくは、GPTWジャパンのホームページを見てほしい（https://hatarakigai.info/）。

追加すべき要素

しかし私は、実際の企業が働きがいや働きやすさを高めるという意味では、いくつかの要素を加えて、働きがいや働きやすさを考える必要があるように思われる。

まず第一が時間軸である。特にわが国の場合、既に多くの場面で指摘されているように、日本型雇用モデルの強みのひとつは、その長期性にある。いうなれば、働く人が、単に今の仕事に対する誇りや、今の経営への信頼だけではなく、その企業に長期的に勤め、キャリアを通じてコミットし、貢献することが前提となっているため、こうした時間軸を追って、働きがいや働きやすさを提供する視点が必要なのである。

このことは、近年の雇用改革のなかでも、従業員の長期的な雇用を全面的に捨てる企業は、極めて少ないことでも理解できる。

そうした場合、その時点での従業員価値だけではなく、未来への期待を要素として含んだ概念で、従業員による働きがいや働きやすさを考える必要があるのではないだろうか。

つまり、未来への期待を原動力に、今、意欲をもったり、今の状況を我慢するというストーリーである。将来もっと達成感のある仕事を得るために、今は、苦しく、先の見えない仕事を頑張るというような場合である。

中核的な働きがい要素としては、「人材としての成長」であり、働きやすさ要素としては、「人生の展開に合わせたワークライフバランス選択の可能性」などである。

また、第二点として、組織としての多様な人材層の存在をどう捉えるかである。企業のなかには、高業績のハイパフォーマーだけではなく、中間層の人材や、専門的な仕事をするスペシャリストまで、多くの立場で企業に参加している人材がいる。さらにこうした職種的な多様性以外にも、価値観やキャリアプラン、さらには性別や年齢まで、多様な人材が存在する。

もちろん、こうした多様な人材に対して、どう働きがいや働きやすさを提供していくかという問題は、どこでも発生するが、こうした多様な人材を広く巻き込むことで、組織としての競争力をもってきたのが、日本の企業の強みでもある。したがって、多様な人材が、彼ら・彼女らなりの働く価値を見出すということが必要だと考える企業が多いようである。

こうした人材の多様性と働きがい、働きやすさ評価の視点や基準とをどう適合させていくのか。答えは難しいが、重要な論点である。

第三点が、企業内コミュニケーションのあり方である。ここには、2つの背景がある。

ひとつは、職場における絆の重要性である。特に日本の場合（他の国でもそうかもしれないが）、職場で連帯感をもち、そこで働く人が働きがいや働きやすさを感じる場面が多い。第3章で述べた、「コミュニティとしての職場」である。上司や同僚との関係性の良さ、悪さが、働きたい企業となる可能性にどう影響を与えるかだと言ってもよい。

それに対してGPTWでは、より大きな視点からの組織から個人へのコミュニケーションが強調されている。日本では人の顔が見える、手触り感のあるコミュニティ（しばしば職場）でのコミュニケーションも大切であると考える。

そして、もうひとつの背景が、組織としてのまとまりをつくる必要である。組織の上層部とそれより下の層で、意識が共有されているか、情報の共有度はどの程度か、また上層部やより下の層が考えていることをどれだけ把握しているかなどの要素が、働きたい会社になるうえで重要な要因である可能性がある。

雇用の長期性を前提として

さらに、既に述べたように、わが国の雇用モデルの強みの源泉のひとつは、その長期性である。それも、いわゆる高業績のハイパフォーマーだけではなく、中間層の人材まで含めて、多様な人材がある程度長期に雇用され、それによって文化や価値観が共有され、内部のコミュニケーションのコストが低くなり、チームや組織がまとまることで、日本の企業は競争力を獲得してきたといえるだろう。

したがって、経営としての課題は、流動化し、働く人が企業を選択するという傾向が強まるなかで、こうした長期性をどう考えていくかである。

この時、ひとつの考え方は、長期という特徴を、何回も繰り返される選択の集積であると理論的に考えることである。言い換えると、一回ごとの選択で外部へ流れる可能性のある人材が、そのたびごとに自社を選択してくれる状況をどうつくりだすか、という問題だとも言える。

これが長期雇用のひとつの捉え方であり、労働市場の流動化や働く人の意識の変化など、このモデルで考えるのに適合的な要因が増加しているのも事実だろう。高業績者についても、それ以外の人材についても、ほぼ同様だ。選択の意識は強まっている。そして、先にも述べたように、その会社に残るという選択をする時に、雇用は継続しても、知的投資のレベルを下げるということも十分考えられるのである。そうした状況では、人材はフルに活用されておらず、全員が戦力化されているとは言いがたい。

いずれにしても、こうした一回ごとの選択で、人が組織に喜んで残ってくれて、また頑張って仕事をしたいという意識をもってもらうことは、極めて重要である。

働きがいの根幹としての達成感と成長感

では、いったい働きがいや働きやすさを提供するポイントは何なのだろうか。私は、働きがいについてのキーワードは、達成感と成長感だと思っている。達成感とは今の仕事にもとづく働きがいであり、成長感は将来の仕事への期待にもとづく働きがいである。どちらもきちんと提供するのは難しい。達成感だけをとっても、働く人にちゃんと達成感を感じてもらうには、まず目標設定が明確で、目標のチャレンジ度などがその人にとって適切なレベルで、企業のビジョンや戦略との関連で意味や意義がないとならない。

次に、目標達成プロセスでの支援も大切だ。あまり大きく関与せず、とはいえ、ある程度のサポートをし、あたかも柱の陰から見守るような支援が必要だ。

最後に、評価とフィードバックも大切で、少なくともポジティブな面とネガティブな面を組み合わせる必要がある。

また働きがいには、成長といった観点も重要だろう。チャレンジされ、自分のもつ技術や能力を仕事に適用し、意味のある仕事を行う経験によって人は育つ。言うまでもないことだが、こうした仕事が提供されている企業は働きがいのある企業で、逆に働きやすさだけでは人は成長しにくいだろう。

ここまで書くとおわかりだろうが、何のことはない。ここにある内容は、当たり前の人材マネジメントなのである。特別なことはなにもない。本来、いわば人を活用するために必要なことをきちんとすること＝働きがいの提供、そういう方程式が成り立つのかもしれない。ただ、こうした当たり前のことを、当たり前に続けていくことが、全員の戦力化につながるのである。

今、多くの企業で働きがいがないとすれば、本来の人材マネジメントがなされていないのかもしれない。

個の尊重

働きやすさについては、個の尊重である。既述のように、現在働く人は大きく変化している。働いている人の雇用形態の多様性が高まっているだけではなく、価値観が多様化し、深層のダイバーシティ（目に見えない考え方や価値観や考え方の多様性）が深まっている。では何が必要なのか。まずは個別のニーズへの対応である。現在、働く人は様々なニーズや制約条件をもって働いている。子育て、介護など、その幅は広い。またニーズのなかには、趣味の重視や信条のようなものもあるだろう。さらに、現在、ワークライフバランス概念の浸透でも見られるように、こうした個人のニーズを優先することが社会的に正しいという認識も強くなっている。

ここで重要になるのは、個のニーズ・ウォンツを重視した人材マネジメントである。個性を尊重した人材マネジメントと呼んでもよい。個が、自分のニーズと企業の要請とをうまくバランスできるような人材マネジメントである。

具体的には、自宅勤務、テレワーク、時短勤務、柔軟な労働時間設定などから、業務に関するより強いコントロール付与などがある。転勤に関する拒否権・交渉権などもあるかもしれない。

なお、こうした施策は、単に施策として整っているだけでは十分ではない。実際に職場で活用できる状態にしておくことが必要である。職場での円滑な運用のためには、マネジャーの意識改革も重要な課題である。さらに、今使えるだけではなく、必要な時に、いつでも使える可能性が見えていることも重要である。

ちなみに私は、本来、ここしばらく行ってきた働き方改革も、働く人が可能な限り、自らの能力とニーズに合った柔軟な働き方を可能にする改革であるべきだったと考えている。単なる法対応を超えて、多様な人材が働きがいと働きやすさをもって働ける環境を整えることを目指すべきである。

組織力としての従業員価値

経営の目線で言えば、企業が優れた人材を確保、維持し、また戦力化していくため、働く人にとっての企業価値、つまり従業員価値を高めていくことは、重要な組織力である。働く人の転職は増えており、その意味で、人材のリテンション（つなぎとめ）は、重要な課題である。

従業員価値を高める組織力は、新たな組織と人との関係のなかで重要な要素となる。もちろん、すべての企業で、コストのかかるアンケート調査などをする必要はないかもしれないが、経営者として、働く者として、その企業が従業員にとってもつ価値を知ることは、ますます重要になるだろう。

ただ、前述したように、人は、雇用されていても、頑張って働くか、そうでないかを選択できるという考え方に従えば、人材のココロをリテインすることも重要である。同じ人材でも、働きがいや働きやすさを感じて働いている時と、そうでない時に、人材としての価値に大きな違いがあるからである。

その意味で、企業経営では、本来の意味でのリテンションとココロのリテンションを重視しなくてはならない。働きがい・働きやすさを提供する組織力は、そのための重要な経営マターである。

第 5 章

組織力としてのインクルージョン

ダイバーシティと経営

通常ダイバーシティとは、人材の多様性として理解され、わが国の場合、性別や年齢などの多様性を高めるという観点から議論されることが多い。わが国の場合は、特に女性の活躍推進がダイバーシティを高める動きの中核であり、例えば、女性管理職比率に対する関心は極めて高い。

だが残念ながら、企業の多くは、外（政府等）からの要請に応える形で、受動的に女性比率を高めてきた。特に、こうした議論が規範化し、社会的に正しいという空気がつくられた。また、ここ数年は、この主張がもつ影響力は極めて大きい。そのため女性管理職比率〇〇％といった数字目標がダイバーシティ推進の成果基準となり、ダイバーシティと経営成果の関係を検証することなく、女性管理職の割合を高めることになる。

もちろん、女性の活躍は望ましいことであり、またそうした社会的な要請や規範に従うという企業行動にも一定の合理性はある。

だが、こうしたやり方は正しいのだろうか。企業という視点から見るとNOである。企業が行う改革は、一定の経営的な成果をもたらすものでないとならない。経営という観点からは、より経済合理的な裏付けが必要なのである。ダイバーシティも同様である。平たく言えば、「ダイバーシティをやってなんぼのもんなのか」ということである。

こうした観点がないとなかなか普及しないし、また制度などを入れても長続きしない。これまで私たちは、こうした運命をたどった制度改革を数多く見てきた。ダイバーシティの議論とそれに関わる制度も、その二の舞となる懸念がある。

ダイバーシティおよびダイバースな人材を活用するインクルージョンという考え方（後述）は、全員戦力化のなかでは重要な位置を占める。

なぜならば、全員戦力化という考えは、社内のできるだけ多くの人材に活躍してもらうという考えであり、自社のワークフォース（労働力）が多様な人材を抱えている場合、多様な人材に活躍してもらうためには、ダイバーシティを有効に活用していくことが必要だからである。またそのためには、単に人事分野の戦略だけではなく、経営のあり方そのものを変革することも必要だろう。

本章では、この観点から、全員戦力化の重要な人材戦略としての、ダイバーシティ・マネジメント（つまり、インクルージョン）について議論していく。

欧米でも最初はだめだった

実は欧米でも、初期の頃は、ダイバーシティは経営成果に結びつかないという研究報告が多かった。欧米の場合は、政府主導でダイバーシティが進展したというよりは、社会的圧力として、性、人種、宗教などの視点で多様な人材が社会・経済参画を求める運動が最初にあり、それを政府が後押しする形で進んだ。発端は社会的要請だったのである。それに従う形で、どのようにして多様な人材を企業に受け入れていくかが、大きなテーマとなった。

そのため、2000年代初めまでは、多くの研究がこうした単純なダイバーシティ施策（人材多様性を高める施策）と経営的な成果（利益などの企業成果や上司等が評価したチームのパフォーマンス等）などの間にはほぼ関係がないことを示していた。時には、マイナスの影響（ダイバーシティが高まると企業成果に負の影響がある）も見られた。

ダイバーシティとは多様性である。これまでの多くの研究が明らかにしてきたことは、人種、宗教、性別などの多様性（目に見える多様性という意味で、「表層の多様性」と呼ぶ）が高い集団では、ひとは自分と同じ特徴をもったグループの一員であるというアイデンティティ（仲間だという認識）をもちがちで、内集団（in-group：同じ特徴を共有する人々のグループ）と、特徴を共有しない人の集まりである外集団（out-group：特徴が異なった人々のグループ）との区別を鮮明化する傾向がある。

さらに、こうした内集団と外集団の間には、コミュニケーションや協働が成立しにくくなり、価値観等の違いが大きくなり、目に見える多様性が、目に見えない多様性（価値観などの対立）へと結びつくことがわかっている。

つまり、ダイバーシティの促進は、ほうっておくと、社内のコミュニケーションの低下や対立を生みがちなのである。その意味で、ダイバーシティは「問題の種」になりやすい。そのマネジメントにはコストがかかる。

つまり、マネジメントという視点では、ダイバーシティは潜在的にマイナスの要素なのである。欧米での研究はこうした認識にもとづき、コミュニケーションの低下や内集団対外集団の成立に関わる要因を研究してきた。

ダイバーシティから成果を得る組織

だが、それでは社会的要請に対応できないので、その後、研究者は慌てて、ダイバーシティが企業にとって、ポジティブな成果に結びつく要因を解明しようとした。本書の用語を使えば、どういう組織力が備わっているときにダイバーシティは経営成果に結びつくのかの探索である。主に北米を中心として、2000年代からダイバーシティを成果へ結びつける組織関連の要因の研究が盛んに行われるようになってきた。

結果として、ダイバーシティ施策が経営的な意味をもつには、組織がもつ風土や文化、さらにはリーダーシップのあり方などが関係していることがわかってきた。ここから出てきたのが、いわゆるインクルージョンという考え方である。

端的に言えば、ダイバーシティを受け入れ、活用する組織要因をちゃんと整える文化改革や人材マネジメント改革を同時に行わないと、ダイバーシティは何の効果も生まないばかりか、逆に負の効果をもたらすこともあるということである。

その結果、近年の欧米の研究が示しているのは、ちゃんと工夫すれば、ダイバーシティの拡大は、望ましい経営成果に結びつく経営改革であるということなのである。インクルージョンの発見と言ってもよい。

インクルージョンの3要素

そしてこうした研究の結果まとまったのが、インクルージョン進展を構成する次の3つの要素である。

①意見を表明しやすい職場

多様な意見が顕在化しやすい職場であり、いわば、「心理的安全性」が存在する職場である。

第3章でも述べたように、「心理的安全」とは、「他人の反応を恐がったり、恥ずかしいと感じたりすることなく、自然体の自分を隠さず、オープンにできると感じられる状況」であり、この概念を広めた米国のエイミー・エドモンドソン教授は「無知、無能、否定的、邪魔だと思われる可能性のある言動をしても、このチームなら大丈夫だという『信念』」と定義している。

つまり、他と違うことで黙ってしまうのではなく、お互いに対立につながらず、建設的な批判や意見交換ができる状況である。

ただ、ここで重要なのは、心理的安全性の存在は、単に他人と異なった意見などを発言するということだけではなく、相手の異なった見解などを受け入れ、より高みに向かっていくような自分の考えを表明するための初期条件でもあるということである。

研究によれば、お互いの自由な発言の促進が一定レベルを超えると、より高みを目指すコミュニケーションが増加するという結果が出ている。意見の交換が高まるのである。そこから新たな考え方やイノベーションが生まれると主張する研究もある。

さらに、こうしたプロセスが展開するためには、リーダーのあり方、つまりリーダーシップのあり方が重要だということもわかってきている。例えば、２０１８年のある研究によると、上司のリーダーシップ（インクルーシブ・リーダーシップ）は心理的安全性を経由して、従業員の革新的行動に影響することが示唆されている。

この点において、わが国企業の職場はどういう状況だったのか。製造業の現場で行われていた小集団活動などは、まさにこうした意見交換の場として、大きな役割を果たしてきたと考えられる。

過去日本が世界の成功例であった時に、そこで働いていた人たちは同質性が高く、仕事上のコミュニケーションも今に比べると活発だった。また、飲み会など仕事の外でのコミュニケーションの機会も多かった。

第3章で職場の力を議論した際にも述べたように、当時の職場は、同質化を進めながら、そのなかで安心を提供することで、「小さな異論」を表明することを可能にしてきたのである。それが、現場での改良・改善の原動力となり、製品の質向上などに寄与してきた。

②組織文化や組織風土

次に関心を集めているのが、組織文化・風土としての多様性の包含である。まさに、インクルージョンであるが、重要なのは、単に企業の施策として実施されているのではなく、メンバーの行動や意識に浸透し、組織文化として成立している状況である。

さらに、多くの研究が明らかにしているのは、異質な価値観や考え方が企業成果に結びついていくためには、単に異質なものが否定されず受け入れられるだけではダメで、異質なものを価値あるものと捉える考え方や文化が成立していなければならないということである。

単に異質性を受け入れることが正しいのではなく、異質なものは良いもの、価値のあるもの、尊重するべきものであるという規範があることが大切なのである。

こうした異質な考えやアイデアを価値があるから受け入れるというような意識は、相手個人の尊重にもつながる。単に受け入れることが求められているから他人を受け入れるのではなく、相手の考え方などに価値を見出すから受け入れるのである。

自分の考えが受け入られたと感じる人は、さらに相手の考えに価値を見出し、受け入れるようになり、尊重の交換が続いていく。

逆にこうした文化や風土がない職場では、最初は異質性を受け入れていたのにもかかわらず、いずれは受け入れの程度が減少することが観察されている。つまりダイバーシティの受け入れは単に行動ではだめで、価値観や規範、さらには組織文化になっていなければならない。

こうした受け入れ、価値づけ、異なった考えの尊重などが組織でひとつの共有された価値となっているとき、インクルージョナリーな組織文化があるという。インクルージョナリーな文化は、ダイバーシティが経営成果に結びつくための重要な組織力の一部である。

③一段上の目標の共有

先にも述べたように、ダイバーシティはほうっておくと、内集団と外集団の分離、ひどいときには外集団との対立までつながる可能性がある。こうした状況で重要なのは、組織のメンバーが一段以上高いレベルの目標を共有し、高いレベルの目標に関しては内集団と外集団との区別がない状況である。

組織力という意味では、メンバーが一段高い目標が共有でき、組織運営をその目標に照らして考えることができることだろう。そのためには、理念やビジョンの浸透など、高いレベルでの目標共有が必要かもしれないし、また利害関係を一段高いレベルで把握することのできる認知能力も重要かもしれない。

いずれにしても、多様性を成果へと転換していくには、こうした高いレベルでの最適を求める視点をもつ組織力が大切である。

深層のダイバーシティ

ここで気を付けなくてはならないのは、多くの企業では、ダイバーシティ増大は、外から見える多様性よりも、価値観や考え方に関するダイバーシティが大きな課題であるということである。

こうしたダイバーシティは、一般的に、「深層のダイバーシティ」と呼ばれる。比較して、性別や人種など、表面の違いがあり、予想できるダイバーシティは「表層のダイバーシティ」と呼ばれる。

表層のダイバーシティは、端的に言ってしまえば、「見ればわかる」。だが、深層のダイバーシティは、そこにコミュニケーションが介在しないと把握しにくい個人の仕事観やライフプランなどに関する多様性（深いダイバーシティ）である。例えば、その人がもつキャリア目標や仕事についての考え方、プライドの源泉などの要素である。また最近では、仕事やキャリアだけではなく、ワークライフバランスに関する価値観も多様になってきた。

こうしたことは、表面からはわからない。深い対話を通して、初めてわかる種類のダイバーシティである。例を挙げれば、ワークライフバランスに関する多様性が高まるなかで、私が見る限り、多くの企業は驚くほど、従業員一人ひとりのワークとライフのバランスに関する考え方や、人生設計についての計画を把握していない。

こういう状況のなかで、第3章でも述べたように、職場内のコミュニケーションは毀損されている。さらに、同時に多様な価値観が尊重されるべきだという価値観（ダイバーシティ意識）をもつ人々も増えてきた。いうなればダイバーシティ対応が求められ、インクルージョンが叫ばれるなか、職場と働く人の変化が、ダイバーシティから経営成果への道筋を難しくしているのである。

人材の尊重が基礎

そしてインクルージョン文化が形成されるためには、組織としても人材を尊重しなければならない。英語で言えば、リスペクトだから、敬意と言ってもいいかもしれない。

言葉は難しいが、内容はシンプルである。なぜならば、人材には、経営のために存在する側面と、働く人（自分）のために存在する側面が、ともにあることを認識し、それにもとづいて経営を行うことが、人材を尊重したからだ。

言い方を変えれば、一人ひとりを単なる人的資源として活用しつつも、人として敬意を払い、そこを出発点として、企業の業績や成長と、その人の意欲や成長をどう両立させていけるかを考える姿勢が、人材の尊重である。

もちろん、企業は経営体だから、働く人の視点と経営の方針がバランスしない場面も皆無ではないだろう。また、働く人の多くも、そうした状況があることも理解している。それでも、平時であれば、また非常時であっても、それぞれの状況で、ウェイトは異なるだろうが、働く人の喜びと経営目標の達成を両方追求することが重要なのである。

可能な限り人を尊重し、人の視点と経営の視点をバランスさせ、そのうえで人材マネジメントを行う。これがあって初めて企業はインクルージョナリーな文化をもてるのである。

インクルージョンの基盤は、あくまでも人材の尊重なのである。ただ、同質な集団に比べて、ダイバーシティの増大は、インクルージョンを困難にするのも事実である。

当然だが、多様性が急速に高まると、インクルージョンを行う難しさは幾何級数的に増加する。それでもこうした困難に立ち向かってインクルージョナリーな文化をつくった企業が、ダイバーシティの恩恵を受けるのである。

見守られているという感覚

そして、尊重という意味で重要なのが、働く人がもつ、インクルージョンを通して、会社が自分のためを考えてくれている、自分の存在を尊重してくれているという感覚である。

こうした感覚をもってもらえれば、それは、経営視点から見ても、とても貴重なものである。自分は単なる数字ではない、一人の人材として会社や人事が考えてくれている。こうした感覚は、働く人を勇気づけ、働く意欲を高める。「人事や会社から見守られている」という感覚は、働く人の勇気の源泉になるだろう。

私はダイバーシティを活用する組織力とは、日頃の人事管理や職場のマネジャーの扱いを通して、どこまで働く人に、見守られているという感覚を起こすかということではないかと思っている。

こうした感覚を研究では、「知覚された組織的支援（Perceived Organizational Support：ＰＯＳ）」と呼んでいる。多くの研究が、働く人が、組織や上司から支援されていると感じる時、組織への貢献意欲を高め、与えられた仕事以上の役割を積極的に担うという結果を見出している。また、安心して様々なチャレンジができるので、キャリア自律などの自律的行動が増加するという報告もある。

多くの人は、会社とは会社のロジックを追求する生き物であることは理解している。それでも経営が、成果や能力評価だけで人を判断するのではなく、自分の希望や適性をどこまで考慮しようとしてくれているか、その努力の姿勢があることで、見守られている感覚をもつのである。こういう扱いを受けた人は、それが長期的な意欲の源泉となる可能性が高い。

ただし、経営視点は忘れずに

だが、ここで私が主張しているのは、単に働く人のことだけを考える、ということではない。働く人を大切にするということは、あくまでも企業経営のなかで、人材として尊重するということであり、その人材を経営のなかでどう効果的に活用するかという視点が不可欠なのである。人は、効果的に活用されないと、目的意識を失い、貢献意欲を失う。

育成という視点でいえば、基本は、企業のためにその人をどう育てるかを常に考えつつ、同時にその人が望む成長やキャリアプランに対して一定の尊敬の念をもつことなのである。こうした考え方が、インクルージョンの中核である。経営の視点と働く人の視点を両方考慮しないと、経営としては成立しない。それが働き手のためにもなるのである。

インクルージョンと経営的メリット

インクルージョンには多くの経営的メリットがある。まずはじめが、人材確保・活用のためという視点である。そのため、こうした多様な人材が働き、貢献できる仕組みの確立は、少子高齢化が進み、労働人口が減少しつつある状況ではより重要になってきている。

もちろん、ダイバーシティと人材確保の関係はそれほど単純ではない。単にダイバーシティが高まれば、それで人材の確保ができるのではない。ポイントは、雇用された人が、ちゃんと貢献できる環境を提供することである。つまり、インクルージョンである。

ダイバーシティが高い企業は、働きやすい企業で、これが魅力となって、多くの多様な人材が集まり、さらに多様性が高まる。

だが、単に雇用され、福祉的な観点から行われたダイバーシティ施策では不十分である。第4章で述べたように、働きやすさを感じるかもしれないが、働きがいがないのである。結果として他へ転職する人も出てくるかもしれないし、諦めて、仕事以外の人生要素に関心を移す人材も出てくるかもしれない。そうなると、ダイバーシティは、経営コストを高めるのみである。

働きやすさだけではなく、働きがいも同時に感じられれば、さらにダイバーシティは高まってくる。そのためのカギがインクルージョンだと考えることもできる。例えば、女性が働きやすく、働きがいがもてる組織がつくれれば、多様な人材のモチベーションも上がり、残留率も高まり、貢献の可能性も増加するはずである。

図表5－1　インクルージョンと創造性・イノベーションとの関係

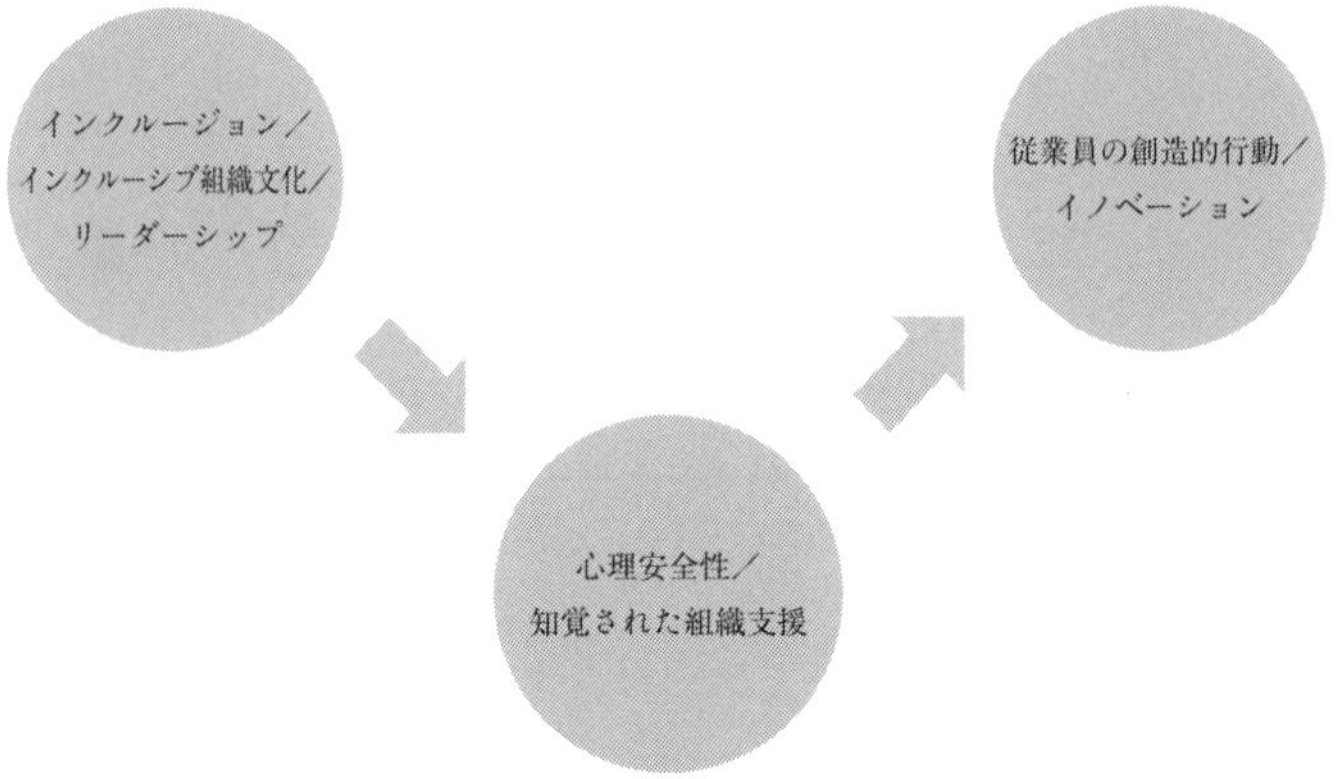

さらに、近年は、インクルージョンやインクルーシブな文化は、働き手の創造的な行動やイノベーションに結びつくという研究も多くなってきており、有効な結果を示している。こうした研究の基本的枠組みを図表5－1に示しておいた。

インクルージョンという組織力は、経営のための競争力の大きな源泉なのである。いま経営には、ダイバーシティ&インクルージョンを、単なる人事施策に終わらせず、現場での仕事のやり方や人間関係、さらには経営トップの価値観、上司のリーダーシップにまで及ぶ広い範囲の変革を行い、インクルージョンという組織力を強化することが、求められている。

第 6 章

組織力としてのミドル

ミドルマネジメントの二面性

ヤヌス（Janus）という神をご存じだろうか。ローマ神話に出てくる門や扉の守護神であり、入と出という2つの流れを司る意味で、頭の前後に反対向きの2つの顔をもつ双面神として表される。英語のJanuaryの語源でもある。

ミドルマネジメント（ミドル）もこうした二面性をもっている。まずミドルは、戦略とその実行をつなぐゲートキーパーとしてトップと現場との境界に位置する。役割は、まずトップから下りてくる無形の戦略目標やビジョンを、部下の行動と成果という有形の戦略実行へと変換することである。

また同時にミドルは、現場の変化や動向に関する情報をトップにつなげるゲートキーパーでもある。顧客の変化や新たな脅威や機会の出現は、現場で最初に把握されることが多い。こうした情報を集め、組織の中枢に伝え、次の戦略へとつないでいく役割である。

ただ、優秀なミドルは、この上下の情報の流れのなかで、そっと自分の発想や考えを盛り込む。例えば、上からの戦略やビジョンをメンバーに伝える時に、自分なりの翻訳を加え、現場に必要な要素を追加する。またより重要なのは、現場からの情報を上に伝える時にも、自分なりの解決策やプランを加えるのである。

これが、よくいわれる「ミドルアップアンドダウンマネジメント」の根幹であり、経営トップのビジョンや戦略と、現場の状況をつなぐ結節点なのである。

ある意味では、ミドルはこうした行動を通じて、組織変革やイノベーションを起こすのである。残念ながら、度が過ぎるとミドルの暴走につながるときもあるが、多くの優れたミドルは、こうして自分のアジェンダやビジョンを実現してきた。

ミドルは強い組織の礎

こうした意味で、機能するミドルが多い会社は、組織として強いと考えられる。上層部と現場が両方向からきちんとつながる。また、ミドル起点のイノベーションや変革が生まれる。

なかでもイノベーションなどが出てくることが、「ミドルアップアンドダウンマネジメント」がもつ創造性であり、多くの企業で、企業価値を高める貢献をしてきた。皆さんの企業でもミドル発のアイデアが企業業績に結びついた例はあるだろう。その意味で、こうした働きをするミドル人材を数多く抱える組織は競争力があると言える。

結果としてこうしたミドルを継続的に育成、確保する組織力がある企業は強い。そのため、確かに多くの企業では、研修などを通じて、ミドルの育成に多くの投資をしている。だが、以下でも述べるように中間管理の実践は、職場での体験を通じて学ぶ部分が圧倒的に大きい。

その意味で、研修等の座学のもつ効果には限界がある。現場における、ミドルになるまでの育ち方や育つ過程での経験がものをいうのである。このプロセスのあり方によって、組織力となるミドル集団を確保できるかが決まってくる。

ミドルの力は低下しているのか

ただ、残念ながら、近年、こうした両面性をもつミドルの組織力が低下しているといわれることが多い。

トップダウンで指示を出す経営と、権限委譲を求める現場との狭間で苦労するミドル。または経営による指示を翻訳せずにそのまま部下に転送する〝転送〟(フォーワード)ミ

図表6－1　達成できていないと思うミドルの役割：経営トップとミドルの比較

達成できていないと思うミドルの役割に関する考え方（経営トップとミドルの比較、上位3つ合計）

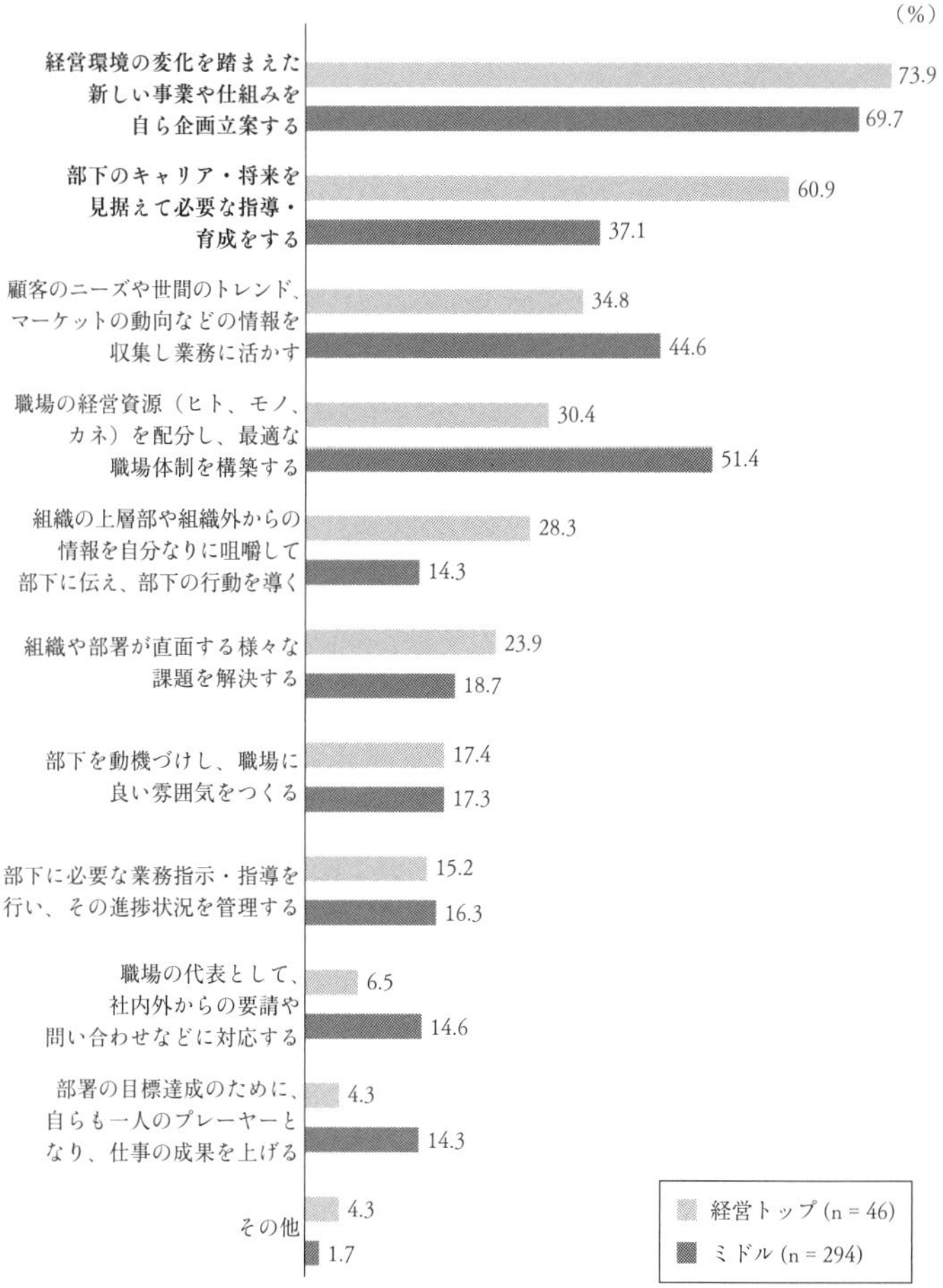

（出所）経済団体連合会『ミドルマネジャーをめぐる現状課題と求められる対応』2012年

ドル。または職務過多のため、部下育成を含め、手一杯になっているミドル。職場に増えた非正規社員など多様な人材とどのようにコミュニケーションをとっていいかわからず困っているミドルなど、多くの場面でミドルマネジメントの機能低下が起こっているという声が聞かれる。

実際、図表6−1に示した経団連による2011年の調査からも、多くの企業で、中間管理職のプレーヤーとしての能力に満足しながら、同時に本来のマネジメントに関する能力についての不安をもつ様子が見てとれる。

こうした状況に陥った原因は何なのだろうか。しばしば指摘されるのは、ミドル自身の能力低下だ。ミドルの資質や能力、意欲が低下したという議論である。だが本当にそれが原因なのだろうか。

私にはそうは思えない。なぜならば、現状を注意深く見ると、ここに挙げたようなミドルの姿は、必ずしもミドル自身の能力低下のせいだけではないと思われることが多いからである。いや実は能力の低下のように見える現象の背後には、ミドルの置かれている状況が変化したことで、ミドルの力が削がれ、組織力が毀損されてきた状況がしばしば見られる。

ミドルの育ち方

では、これまでミドルマネジャーはどういうふうにして育ってきたのだろうか。わが国の企業でよく聞かれるのは「上司の背中を見て育つ」と表現されるプロセスである。文字通り〝背中〟を見て育つかどうかはともかく、組織という人の集まりのなかでのマネジメントの学習は、先輩の行動を観察し、その良いところ、悪いところを学習する方法であった。「盗む」とノスタルジックに表現されることも多い。

逆に座学で教えられるのは、マネジャーとしての基本的な心得ぐらいである。やはりマネジメントを覚えるのは、実践を通しての場合が多い。

ただ普通のＯＪＴと違うのは、上司が部下にマネジメントの仕方を体系的に教えるのではなく、どちらかと言えば、仕事を一緒にやるなかで、部下が勝手に上司のやり方を学習する側面が強いことである。別の言い方をすれば、自分の職務の遂行を通じて○○の仕方（例えば、顧客との接し方）を教えるという形である。上司は現実の管理職務の遂行を通じて、自然とＯＪＴを行ってきた。いうなれば、部下が上司のやり方を自律的に学ぶＯＪ

Tである。

こうした〝背中を見る〟学習のことを、学習に関する研究では、観察学習とか代理学習という。ミドルマネジメントの能力開発は、観察学習に依存してきた部分が大きかったのである。

そして、ミドルマネジャーが育つもう一つ重要なステップがある。私が「ミニ実践」と呼んでいる段階である。つまり、部下が〝背中を見て〟学んだ上司のやり方を試してみる機会である。

素晴らしいと思った部下への褒めことばを、1年後に入ってきた後輩にトライしてみる。あまり良くないと思った上司のやり方を工夫し改良して、顧客対応で使ってみる、などである。観察学習から経験学習の段階に移行するのである。

多くの職場で、こうしたミニ実践を通じて、部下が上司のやり方を工夫して、自分のものにし、自らのマネジメント方法を確立してきた。別の言い方をすれば、ミニ実践がなければ、上司から学んだものは単なる「良い上司行動」である。試行することを通じて初めて、自身のマネジメント手法になる。上司のやり方の「自分化」（自分なりのやり方への転換）と言ってもよい。

いうなれば多くの企業でこれまでミドルマネジャーは、「観察学習→ミニ実践→自分なりのやり方開発」という過程を経て自分で自分を育成してきたのである。考えてみても、ミドルマネジャーとしての行動のうち本当に重要なところは、部下が上司を見つつ、工夫をしながら自分のやり方を見つけてきたというのが、正直なところだろう。

ＯＪＴが機能しなくなった

だが、こうした方法にはいくつかの決定的な条件がある。主に組織のあり方に関する条件である。そしてこうした条件がなくなると、これまでのミドル育成法は機能しなくなる。最初の条件は、職場の状況として、見るべき上司の背中があり、また上司から盗んだことを試行できる場があることである。

だが、まず見るべき背中については、ミドルのプレーイングマネジャー化、組織のフラット化などによって、一人のミドルが見る人数が多くなり、一人ひとりの部下と相対できる時間が極めて少なくなった。

いままでは、いつも席に行けば上司が座っていたのが、お互いに忙しくなり、電子メールでアポイントメントをとらないと会えなくなってきた。またコストカットにより、上司と客先などに同行するチャンスもめっきり減った。

このことは、近年進んだ職場の人員削減も関係している。これまで、職場にはいろいろなタイプの〝上司〟がいた。職制上の上司、○○代理や部長付き・課長付きなどの肩書をもった上司、さらには他の部署などにいる、斜め上にいる人なども含めれば数多くの「上司」が存在していた。

だが、バブル経済崩壊を経た日本の企業は、新卒採用の中止やダブついていた管理職補佐の廃止などを通じて、若手から見て上司と呼べる人々を減らしてきた。そのため、上司と呼べる人たちの絶対数が減少し、見るべき背中は、少数の職制上の上司のみになったのである。どこでも起こることだが、時には、特定の上司と良好な人間関係がつくれない場合もあり、その時は見るべき（見たい）背中が遠くなってしまうのである。

さらに魅力的な上司が減ってきた。もっと正確に言えば、部下にとって、上司が魅力的に見える場面が少なくなってきたのである。

例えば、自分の経験をちょっと脚色して、ストーリーとして部下に伝えるという場面は、部下から見れば、未知の世界の物語であり、そこからその上司の背中を見たいと思う意欲が高まることもある。だが、上司が部下に自分の成功物語を話して、部下が眼を輝かせて聞く、というような機会が減ってきたように思う。

上司が部下にチャレンジする背中を見せる場面が少なくなっていることもある。厳しい業績管理の下で、上司はチャレンジをせず、日々忙しく、与えられた目標の達成に集中する姿だけを見せるようになってきた。

いずれにしても、上司が部下に魅力的に振る舞える機会が減ってきた。部下にしてみれば、とても仕事を楽しんでいるように見えない上司の背中から学ぶ意欲は湧かないだろう。

これらの要素は、ミドル自身が何かをしている、またはしていないことによって毀損されているのではなく、組織状況が変化するなかで、これまで自然に起こっていた学習が機能しなくなったということである。その意味で、組織レベルのミドル育成力の低下と言える。

チャレンジする経験の減少

もうひとつが、試行のなかでも、少々挑戦度の高い経験をする機会である。前述のように、人はミドルに育つまでに、先輩や上司のやり方をまねて、自ら「ミニ実践」を行うことが、学習の観点からは重要である。先輩のやり方をまねて、自分でやってみる段階である。

そして、その試行には、チャレンジ度が高いものとそうでないものがある。実際には、上司の背中を見て、少しずつミドルの仕事を学んできた多くの人材は、チャレンジ度が低い試行から始めて、だんだんとチャレンジ度が高い試行をしていくのである。チャレンジ度が高い試行をするとは、失敗する可能性がある程度存在する仕事に挑むということである。

そして、ここで考えておくべきなのは、チャレンジがきちんと起こるためには、職場にある程度の余裕が必要なことである。学習途上にある人材に、「チャレンジさせてみる」余裕である。

しかし、今多くの職場で「やってみなはれ」という雰囲気が低下している。職場として失敗を許容しない雰囲気が浸透しているのである。背景には成果主義や企業内のリスク観の変化などいろいろあるのだろうが、学んだことの実践があくまでも「やってみる」経験である以上、失敗が許されにくい職場では若手のチャレンジは起きにくいのである。その結果、ミドルへの過程で重要な学習機会が失われる。

「職場寒冷化」――ミドル育成機能低下の背景

つまり、第3章で言及した「職場寒冷化」が、ミドルが育成される機能を大きく低下させているのである。「職場寒冷化」とは近年起こっている職場における多様な変化の総称であり、そこでは、いくつかの重要な組織状況の変化がミドルの行う日常の仕事を変質させている。それが現場でのミドル育成機能を低下させる。少し詳細に見てみよう。

①職場構成員の変化

この変化を起こしてきたひとつの要因は、年齢構成の変化である。例えば部下が自分よりも年長であることはもう珍しくないし、極端な場合には、定年退職した昔の上司が再雇用で部下として戻ってくることもある。定年の延長や再雇用により、職場に高年齢の働き手は増えてきたし、女性や外国人も増えてきた。

もうひとつの顕著な変化として、どの職場でもいわゆる非正規の労働者が増えた。自分の職場を見渡してみてほしい。10年前と比べて、非正規従業員の割合が増加しているケースは多いだろう。正規人材といわゆる非正規人材とがともに働く職場を混合職場といい、過去に比べて、多くの職場が混合形になってきた。

こうしたことは、ある側面から見れば、有益な変化（例えば、人件費ダウンやダイバーシティ増大）なのだが、その職場を取り仕切るリーダーまたはその育成の視点から考えると、管理の仕事を格段に難しくする。

例えば、現場リーダーと部下で年齢が逆転していたり、非正規従業員が多く働いたりする職場では、コミュニケーションをとる際に前提にできるものが変わってくるのである。そうした職場のコミュニケーションは困難になり、工夫が必要になる。

もちろん、ここまで含めてミドルマネジメントの仕事なのだろうが、経営として認識しておくべきなのは、そうした変化が起こっており、さらに多様な人材をマネジメントするスキル（例えば、コーチングや傾聴のスキル）は、これまでの日本企業の職場では重視されてこなかったことである。したがって、仮に職場ＯＪＴの機能劣化が起こっていなかったとしても、もともと蓄積されていないのだから、体系的に学ぶ機会は少ない。
②組織構造の変化。[*1]
多くの企業は、ここしばらく、事業の選択と集中、意思決定を迅速にするためや現場と

トップの距離を縮めるという大義の下、組織のフラット化に取り組んできた。さらに効率的な業務推進へ向けて、作業の標準化や業務の分業化（アウトソーシング化）などの改革にも取り組んでいる。

しかしながら、こうした変革は、結果としてミドルが育つ中間的な役割や学習の機会を奪い、先に述べたＯＪＴを中心とした部下育成が起こりにくい環境を生み出している。

例えば、組織のフラット化により、階層的な組織を改めたことで、意思決定・伝達の迅速化を実現したものの、管理職のポストが減少したことで、一人の管理職が担当する部下の数が増大し、業務量や業務範囲、責任も格段に増える結果となった。

また、不況期に採用を抑制した企業では、職場における若年者が減少しているために、管理職になる過程で、後輩や部下をもつ機会が少ないまま管理職に登用され、経験不足から部下の指導や育成がうまくできないミドルマネジャーが生まれているところも少なくない。フォロワーからミドルになるための中間地点にあった学習のためのポストがなくなっ

＊1　この要因に関する記述は、日本経済団体連合会が２０１２年5月にまとめた『ミドルマネジャーをめぐる現状課題と求められる対応』によるところが大きい。

たのである。

③情報環境の変化

社内イントラネットの整備や電子メールの普及により、表面的な情報伝達・コミュニケーションは格段にしやすくなったものの、一方で、フェイス・トゥ・フェイスのやりとりが減少したことで、業務遂行の孤立化が進んでいる職場は多い。ミドルと部下とのコミュニケーションの質が低下している面もある。

さらに直近では、新型コロナ感染拡大や働き方改革により、リモートワーク、在宅勤務が進み、上司と部下との顔を合わせてのコミュニケーションの機会はさらに減少している。また、IT技術の進展と社内で情報開示が推進されているなかで、従来であればミドルだけが保持していたような情報についても、チームのメンバーや部下が共有するケースが多くなっている。

ミドルマネジャーの部下に対する情報量・知識の相対的優位性が薄らいでいることで、ミドルマネジャーが部下に対して優位な立場に立ちづらい状況が生まれている。

④目標達成管理の強化

多くの企業で、戦略目標（またはそれをブレークダウンしたもの）や売上目標などに関する、目標達成の要求が厳しくなった。同時に職場での進捗管理が強化された。結果として多くの職場で、自ら目標を設定し、それを自分のペースで実施していく自由度が失われてきたのである。

同じように、多くの企業でプレーイングマネジャーの考え方が導入されたことも大きい。プレーイングマネジャーとは、個の成果責任をもつプレーヤーと、チームの管理を行う管理職としての両方の役割を担う管理職のことであり、1990年近辺のバブル経済崩壊後にコスト削減の動きのなかで多くの企業に導入された。

もともとはプロスポーツの世界で使われてきた考え方だが、管理職とプレーヤーの2つの役割には拮抗する部分があり、両方をこなすには高い能力が必要となると考えられている。

結果として多くの管理職が自らもプレーイングマネジャーとして成果責任を負いつつ、同時に職場全体の成果を出すことを強く求められる。さらに、上司からは、部下を育成し、モチベートすることも上司の責任だ、と言われる。そして、わが国の場合、管理職自身の優先順位が、プレーヤー（成果目標）の方に傾くことが多く、管理職機能毀損の一因と考えられている。

図表6−2　ミドルが時間配分を変える難しさ

管理職としての業務における、時間のかけ方を変えることはどの程度難しいことですか

〈n = 601／%〉

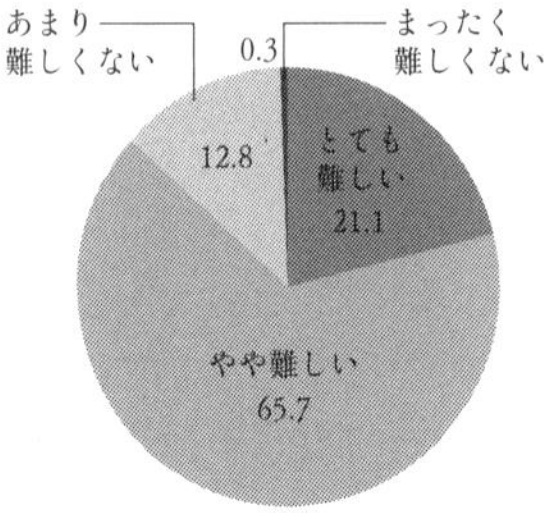

（出所）リクルートマネジメントソリューションズ「ミドルマネジャーの役割に関する実態調査」2020年

⑤マネジメントの役割過多

さらに、ミドルに降ってくるものは、成果責任だけに限らない。コンプライアンスの最後の砦は職場であることが多いし、またメンバーのワークライフバランス優先への対応も職場である。これらを含め、多くのことが、ミドルマネジメントの役割範囲に含まれるようになり、「役割過多」とでもいうべき状況も起こっている。

実際、図表6−2にあるリクルートマネジメントソリューションズが最近行った調査では、全体（対象601名）の86・8%が、業務における時間のかけ方を変更することが、「難しい（とても＋やや）」と答えている。

もちろん、これらも現場ミドルの仕事範囲であり、責任は果たさなくてはならないのだろう。だが、こ

うした役割をすべてこなすためには、新たなスキルや一層の努力が必要なのである。これも経営として認識をしなくてはならないことである。こうした仕事をこなすスキルや能力は、現在のミドルの背中を見ていても学べない。過去はそれほど必要でなかったからである。

“背中”学習の本質的な課題

さらに、ミドル育成における本質的な課題は、ＯＪＴを重視し、先輩の背中を見て育つ限り、先輩の仕事を超えることができないことにある。

現在、グローバル化、ＩＴ化、Ｍ＆Ａによる多様性のなかでのプロジェクト遂行など、多くの変化が、ミドルマネジメントに過去とは異なった仕事の仕方を求めている。結果として、ミドルに求められるのは、これまでのやり方を覚え、それをきちんと実行することだけではない。これまでのやり方を改革し、新たな仕事のやり方を習得することであり、先輩や自分の上司のやり方を越えていかなくてはならないのである。

もちろん、育成過程ではこれまでのやり方を学ぶことが必要な部分も多かろう。だが、背中学習礼賛のなかで、これまでのやり方が粛々と受け継がれてきただけという状況はなかったか。ＯＪＴや上司・先輩から学ぶというのは、熟練工を生み出す生産現場の人材育成では効果を発揮してきた。しかし、新たなチャレンジやイノベーションが求められる経営環境で、ホワイトカラーの人材育成については、ＯＪＴ依存型を脱却しないと、大きな変革を起こす人材は生まれにくいだろう。

組織的対応

既に述べたように、機能するミドルは重要な組織力であり、その確保・育成も重要な組織力なのである。ミドルが企業にとって大切な財産であることには多くの企業が同意する。だが、皆さんの企業ではこの財産を大切にし、育てていくことにどれだけの資源を投入してきただろうか。階層別研修をやって、後は現場任せという状態ではなかったか。現場での育成を信頼（過信？）し、役職についただけで、すぐに機能するミドルになるという前提を置いてこなかったか。

組織として、今すべきこと、できることは何なのだろうか。ミドル対象の研修等に頼らない方法としては、以下の3点が重要だと思う。

①コンピテンシーまたは行動レベルでのミドルの役割明確化

既に述べたように、職場の状況の変化により、ミドルの仕事は複雑化している。またコンプライアンス、部下の働き方改革支援、また最も重要なものとして、いわゆるプレーイングマネジャー化など、多くの付加的な業務がミドルに押し付けられている。さらに、多様な人材のマネジメントなど新たな役割も求められるようになってきた。

結果として、これまで先輩や上司がやってきたことを、そのまま学んで、踏襲すればよい状況ではない。今、必要なのは、今後も継続的に求められる役割も、新たな役割も含めて、それらを具体的な行動レベルに分解して、明確化することだろう。

これまでミドル育成は、やや精神論的な議論が多かったように思う。ミドルとしての心構えなどの教育が多かった。ここから脱して、具体的な行動レベル（「○○をしなさい」的な指針提示）での育成を進めていかないと、ミドルは迷える羊状態から脱出できない。「初めて課長になった君におくる言葉」的な書物がベストセラーになる時代なのである。

②組織図の修正

具体的に言えば、組織図を見直して、マネジメント経験をする機会を増加させることである。

例えば、フラット化の見直しである。先にも述べたように多くの組織がこれまでフラット化と称して、ミドルとフォロワーの間にあった階層を廃止してきた。もちろん、必ずしもフラット化がすべてダメで、階層の多い組織に戻るのがよいわけではない。フラット化には、情報のダイレクトな流れをつくるなど、それなりに意味はある。

ただ正式な役職ではないにしても、例えばミドルの補佐役として、ナンバー2を置くことはできるのではないだろうか。ミドルはマネジメントのある部分をこうした人材に委譲できるし、またこのポストは、ミドルへの学習の中間段階の意味もある。ミドルの補佐役を置くという形での支援もあり得るだろう。

また、短期プロジェクトへの参加も重要である。特に優秀な選抜層については、短期的なプロジェクトのリーダーにつけることで、職制上そうなるまでに管理職としての体験を積むことができる。外国の優良企業の多くで、短期プロジェクトが採用されているのは、優秀な若手に、管理の疑似体験を積んでもらうためだと言われる。

③フォロワー育成への投資

既に述べたように、フラット化された組織では、一人のミドルに多くのフォロワーがつく。たとえフラット化されていなくても、ミドルは定義上、フォロワーをマネジメントするのが仕事である。

ただ、フォロワーは、単についていく人では充分でない。ミドルの方針を解釈して、自律的に仕事ができる人材が理想形である。こうした人材にすべてがなれないにしても、少なくともフォロワーがリーダーとしてのミドルとどう関わっていけばよいのかについてある程度の知識を得ている場合と、そうでない場合とで、ミドルにかかる負荷は大きく違うだろう。

ミドル支援の第三のポイントは、ミドルの周りの人材を育て、現場マネジメントの有効性を高めることである。

ミドルは組織力の要

当然のことだが、ミドルマネジャーは、職場のメンバーからなるチームのリーダーである。したがって、本章に述べた、機能するミドルを確保する組織力の低下は、職場そのもの、またはそこで働く人に影響を及ぼし、機能しないミドルは、チームそのものの機能も低下させる可能性があるのである。

チームが機能しなくなると、組織の戦略目標達成力が大きく毀損される。創発的なイノベーションも出てこない。目標を達成する組織として機能しなくなるのである。ミドルの機能低下は、企業全体としての組織力の低下という意味ではさらに大きな問題を引き起こす可能性がある。次章では、直接チームを取り上げて考えてみたい。

第７章

変容するチーム

図表7－1　山口（2008）のチームの4つの成立条件

1. 達成すべき明確な目標の共有
2. メンバー間の協力と相互依存関係
3. 各メンバーが果たすべき役割の割り振り
4. チームの構成員とそれ以外との境界が明確

出典：山口裕幸『チームワークの心理学―よりよい集団づくりをめざして』サイエンス社、2008年

チームとは

「チーム」という言葉を聞いた時、どういう光景を思い浮かべるだろうか。仲の良いメンバーが情報共有し、助け合いながら、協力して業務を進める状態といったところが大方のイメージだろう。「一致団結」や「連帯」といった言葉を思い浮かべる人も多いかもしれない。

ちなみに図表7－1に示したのは、山口裕幸『チームワークの心理学―よりよい集団づくりをめざして』（サイエンス社、2008年）が主張する効果的なチームの4条件である。状況によって、細かい点は異なっても、多くの場面で共通するチームの条件である。一応これを〝伝統的な〟チームの姿だと考えよう。

また組織という視点で考えると、チームというのは組織の最小単位であり、また目標が設定される最小単位である場合も多い。しばしば仕事の最小単位は人だといわれるが、実際はチームに

対し課題や目標が設定され、有効なチームでは臨機応変に個人のやるべき事が決定されることが多い。その意味で、多くのケースで、組織内の仕事割り振りの最小単位はチームである。効果的に目標が達成できるチームを形成する力は、組織にとって重要な組織力であり、大きな財産である。

だが、その時メンバーのなかで、十分な能力が発揮できず、必要な成果が期待できない個人がいる場合、目標を達成し、チームとしての成果を上げることは、難しくなる。また力が出ないメンバーは、チームから社会的・心理的に排除されるかもしれない。

その意味で、チームに仕事が割り振られる時は、「全員戦力化」という考えが重要になる時である。内容に違いはあったとしても、個々が大きな目的に向かって、可能な限りの戦力になる。貢献度合いは違っても、個々が自分なりの貢献をしており、戦力になっている。そうした状態が望ましい。

牧歌的なチームの時代は終わった

ただ現在、チームそのものや設定される課題・目標の性質が変化している。これまでは、チームと言えば、比較的同質の、専門分野が大きく異ならない、年齢構成も一定の秩序のあるメンバーで構成されていることが多かった。話す言語も日本語だった。また目標や求められる成果も革新的なアウトプットではなく、新しいことといっても、これまでのやり方の改善や改良が求められるぐらいだった。

だがこれに対し、現在、企業経営で構築され、活躍が期待されるチームは、これとは異なった特性をもつようになり、冒頭で述べた牧歌的なイメージからは大きく違ってきた。

チームの変化①——多様化

少し詳しく見てみると、チームに関する変化は大きく3点にまとめられる。まずは多様性の増大である。

多様性には大きく分けて2種類ある。ひとつは専門分野に関する多様性である。過去に比べて、メンバーの専門分野が異なることが多くなってきた。

専門領域が異なるメンバーで、新たな技術を開発したり、技術、マーケティング、財務などの専門家で新事業を起こしたり、さらに外部の専門家を交えて今後の事業部門の戦略を練ったりなど、過去見られたような、同様の専門性をもったメンバーが集まってチームをつくるのではない状況になりつつある。

具体的には、いわゆる新事業開発・新商品開発プロジェクトチームのようなものを思い浮かべればよいだろう。そこでは、専門性の違うメンバーがお互いに目標を共有しながら、緊密なコミュニケーションをとり、与えられた期間の間に、一定の成果を生み出すことが求められる。

こうしたチームには、一定の固定化されたルールを踏襲した最適化よりも、状況を判断し、メンバーの多様な知識や能力を組み合わせていくことが求められる。

だが、私たちもよく経験するように、専門性の違うメンバー間ではコミュニケーションのとり方やその前提も違う。また、何が理想の状態で、何をすれば理想にたどり着くのかに関するプロセスのイメージも異なる。そのため、コミュニケーションや目標の共有や役割分担も、これまでに比べて難しくなる。求められる成果とは何かについての議論さえ収束しない可能性がある。

多様性という意味でもうひとつ重要なのは、価値観や考え方の違いである。第4章や第5章で述べた「深層のダイバーシティ」の増大である。価値観や考え方の多様性を、表面から見えにくいという意味でこのように呼ぶ。対する言葉は、目に見えやすい「表層のダイバーシティ」である。

働き方改革や女性活躍推進、高齢者活用、ミレニアル世代の増大などに伴い、チーム内の深層のダイバーシティが高まっている。また、専門分野の多様化に伴って、価値観や考え方の多様性が高まることも多い。

深層のダイバーシティは、企業が意図しようがしまいが、増大していく。この点は、専門分野の多様化とは少し異なる。専門分野の多様化は、企業が意図をもって増大させることが多い多様性である。専門分野が多様なメンバーで異質のアイデアをぶつけ合うなどである。その意味で自覚がある。価値観や考え方のダイバーシティは、企業が意図しない状態で増大している場合が多く、経営者や人事部門に自覚がない場合が多い。

実際、リクルートマネジメントソリューションズが、2019年9月に行った調査によると、「年齢、国籍、雇用形態、経歴、所属部署などにおいて多様性のあるチームで、「仕事を進めるうえで、大切にしている価値観が多様である」に肯定的（あてはまる＋ややあてはまる）」と答えた割合は、48・7%であり、否定的と答えた割合（42・1%）を越えている。

私は、現在わが国の企業内の専門分野の多様性と深層のダイバーシティは、案外高くなっており、そのことがチームやチームワークにも大きな影響を与えていると考えている。

チームの変化②——期待される成果・目標

第二に、チームに期待される成果または目標、ミッションも変わってきた。

これまでもチームには多様な目的や期待役割が付与されていたが、どちらかと言えば、大きな変革やイノベーションが求められる存在ではなかった。

例えば、部門をチームとして考えた場合、チームに求められるのは、設定された目標の着実な実行や過去の延長線上の成果であり、大きな革新やイノベーションが求められることは少なかった。

これに対し、現在企業経営で多くのチームに期待されるようになってきている成果が、イノベーション、つまり革新である。

新たな商品やサービス、事業の創造、技術革新などをチームに託す企業は増えてきた。別の言い方をすれば、チームの生み出すイノベーションや革新を使って環境の変化に対応することが、企業経営の大きな課題になってきている。

異質な専門性をもったメンバーからなるチームをつくる傾向が増えたというのも、異質の融合から何か新たなもの（イノベーションなど）を生み出すのがチームへの期待となっていることと関係が深い。

さらに、新事業や新製品だけではない。部や課などの既存のチームにも、これまでの通常のビジネスのやり方を変革することが求められるようになってきた。プロセスイノベーションと呼ばれることもある。

最近流行りのモノ売りからコト売りへの転換などは、良い例である。これまでモノ売りをしてきた商品がコト売りできる仕組みを考えることなどが、現場のチームに期待されるようになってきた。

換言すれば、過去の延長線上のビジネスのやり方を守りつつ成長を導いたり、または次の時代に、これまでのやり方や商品を伝承したりする目的でチームが活用される割合が少なくなってきたということである。

チームをつくること自体が経営上の目的ではなく、あくまでも経営上の目的を効果的に達成するための手段である以上、目標や期待成果の変化は、チームやチームワークのあり方に強く関係する。集めるメンバーも変化するし、目標そのものの性質（例えば曖昧性や具体性）や目標達成のプロセスも変わってくる。

チームの変化③――チーム内コミュニケーション

チームやチームワークを考えるうえで、第三の重要な変化は、メンバー間、またはメンバーとリーダーとのコミュニケーションで起こっている。特に変化が目立つのは、よくいわれるようにコミュニケーションの手段である。

図表7－2に示したHR総研の調査によると、社内コミュニケーションで最も多く使われているのは、電子的な手段である。依然として対面や会議なども多く使われているが、ICTを使ったコミュニケーションが多用されていることがわかる。

この調査は、2019年1月に行われたものであり、新型コロナ感染拡大による、テレワークの浸透などを経て、電子的な手段によるコミュニケーションが使われる割合は、さらに高くなっていると予想される。

コミュニケーションや情報共有がチームワークの血流だとすると、その手段の変化は大

図表7－2　社内コミュニケーションで利用されている手段

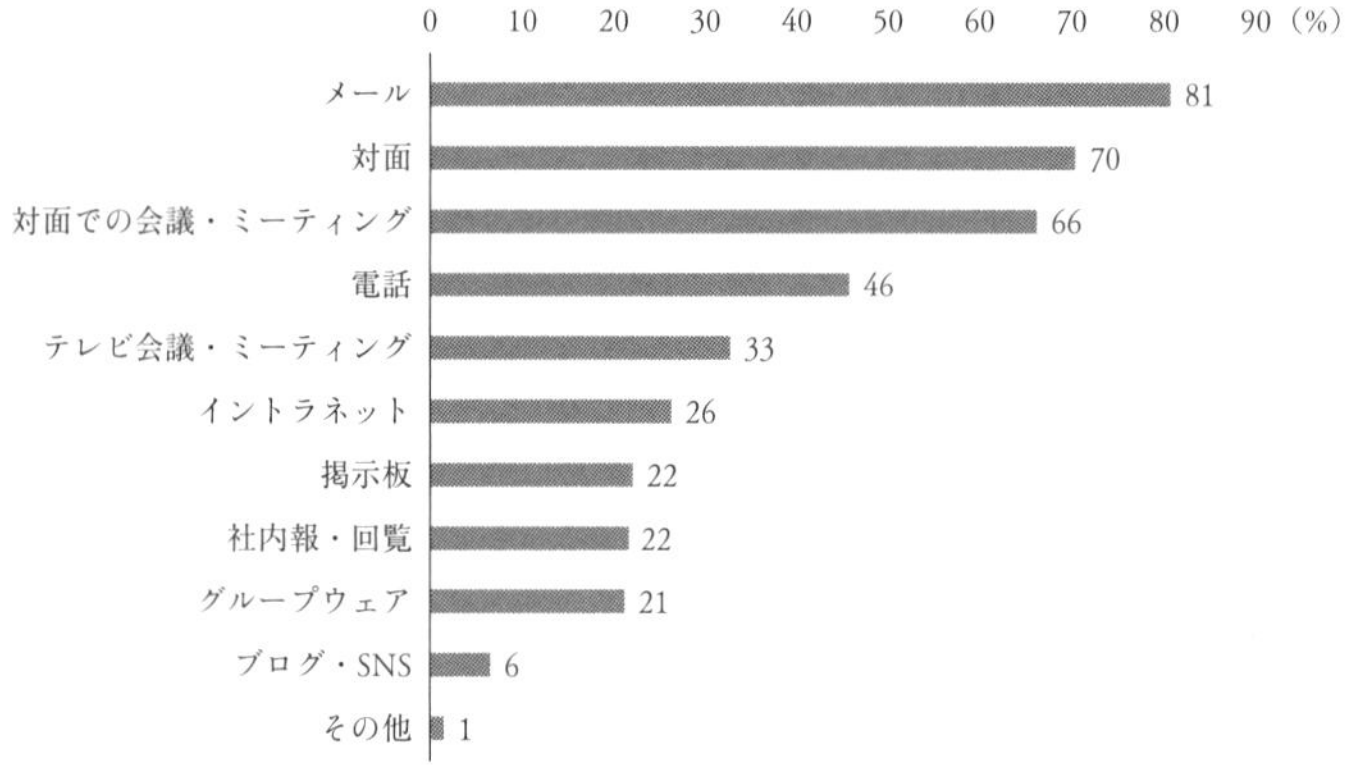

（出所）HR総研調査、2019年1月

きな影響を与えざるを得ないだろう。そうした影響は、コロナ感染拡大に伴う、テレワークや在宅勤務の増加に伴っても見られている。

考えてみると、コミュニケーションを考える時に極めて重要なのは、それが両方向（ツーウェイ）の作業であることである。単に言葉を交換しているという意味での両方向ではない。内容が通じあうことが大切である。また時間的にも同時性が高いことが望ましい。

対面であれば、一方が話している時にも、聞き手は理解しているか、同意しているか、他の意見があるかなどのサインを表情などに出しているはずであり、話し手はそれに注目しながら話し方などを変える。そうしたやり取りの積み重ねが、一回一回のコミュニケーションを成立させ、いずれは両者の間に理解の共通基盤が構築される。

両方向（ツーウェイ）の同時的なコミュニケーションは、SNSやオンライン会議のためのソフトなどを使えば、不可能というわけではないが、それでも対面ほど効果的ではない。そのため対面的なコミュニケーションほど、コミュニケーションの共通基盤の構築がうまくいかないことが多い。

また近年になって、チーム内のコミュニケーションを阻害する変化はさらに多くなってきている。例えば子育て中の社員の短時間勤務などが導入され、さらに直近では、コロナ感染拡大で増加したテレワークや在宅勤務などが、メンバーが同一の場所と時間を共有する程度を減少させている。

なかでも、コロナ感染拡大によるリモートワークの増大は、チームのなかでのコミュニケーションを困難にしている。テレワーク・在宅勤務で「上司・同僚とのコミュニケーションがとりにくくなった」と答える割合は、多くの調査で5割を超える。

また第6章で述べた中間管理職のプレーイングマネジャー化により、上司と部下のコミュニケーションを中心として、チーム内のコミュニケーションが阻害されるまたは変質される可能性もある。現在の上司は部下のマネジメントの他に、プレーヤーとして多くの業務に携わっているのである。当然メンバーとのコミュニケーションをとる時間は少なくなる。

さらに、近年導入された人事制度が、社内やチーム内のコミュニケーションに悪影響を与える可能性も示唆されている。

２００６年に報告された事例研究では、対象となった大企業において、成果主義的な評価・処遇制度に代表される「個別的人事管理」の進展が、個人への業務達成圧力を高め、上司部下、職場のメンバー間のコミュニケーションを低減させる影響を与えていたということが報告されている（松岡猛「個別人事管理の進展とコミュニケーションの現状」『日本労働研究雑誌』２００６年1月号）。なかには「業務達成のプレッシャーから（中略）コミュニケーションやチームワークが軽視されている職場」もあったそうである。

チームを活用する組織力強化

このような変化の下で、企業はチームを機能させるための組織力を培っていかなくてはならない。先にも述べたように、機能するチームは、重要な競争力の源泉である。また日本の組織は、チームで仕事をする体制を強くもっており、その意味でも、チームを機能させる組織力は、企業経営上重要なのである。

ここで登場するのが、組織力開発である。第2章でも述べたように、組織力開発とは、パフォーマンスの向上を目指して、戦略的に組織内プロセス（コミュニケーション、人間関係、目標や価値観の共有、組織文化の醸成など）に介入し、必要な組織能力を確保するための経営施策や活動である。

これまで多くの企業で、運動会や社員旅行などの活動、さらには現場での飲み会などを利用して、職場内・チーム内の人間関係を構築し、コミュニケーションや目標の共有を促進することで、チームの機能向上を目指した努力が行われてきた。

ただ、先に示したチームの変化により、こうした活動は、効果が出にくくなっている。例えば、専門性や価値観・考え方の多様化が起こり、またチームの目的がイノベーションの創出ということになると、メンバー間のコミュニケーションは、これまでのようなメンバーの同質性が高く、一定の前提共有がなされている場合のコミュニケーションとは大きく異なってくる。

結果として、傾聴や、会話の前提を丁寧に言語化したコミュニケーションが必要だし、違いを乗り越えるためのスキルや方法論を学ぶ必要がある。だが仲間同士の飲み会や社員旅行程度ではこの状態をつくるのは難しく、コミュニケーションの方法を教える必要もでてくる。

さらに近年多くの企業が導入している、いわゆる働き方改革による影響もある。労働時間の削減を考えてみよう。残業時間が制限されるなかで、古典的な職場の飲み会などは開催すること自体難しいし、就業している時間を削減してできた余裕の使い方は、個人の自由に任せるという流れもある。

言い換えると、メンバー間の価値観や専門性に関する多様性が増大し、チームの目標が革新やイノベーションになり、チーム内のコミュニケーションのあり方が大きく変わってくるなかで、これまで日本企業が行ってきた施策や活動では太刀打ちできなくなってきているのである。では、どういう組織力に注目した組織力開発を行うべきなのだろうか。

必要な組織力

①ダイバーシティからインクルージョンへの進化

最初は、第5章で述べたインクルージョンという考え方である。近年の議論、特に経営関係の研究では、インクルージョンという言葉は、単に多様性の増大や受容だけではなく、企業にいるすべての従業員がもっている能力や経験が認められて、仕事に参加できるという意味で使われることが多くなっている。

焦点が、個々の能力やスキル、経験、強みを最大限に生かすことに移りつつあり、さらにそうした多様な能力、経験等を積極的に活用することまでも含めることが多くなってきた。

その意味で、多様性に関しての議論は、ダイバーシティで終わってはいけないのである。チームの多様性を活用し、成果に結びつけていくという意味では、インクルージョンが必要なのである。またここでの多様性も、単に表層の多様性だけではなく、先に述べた経験、能力、価値観の多様性なども含まれるのである。

なかでもチームに求められる成果がイノベーションである場合、異なる価値観や考え方を融合し、一段高いレベルへと昇華することが求められる。というか、それがイノベーションの萌芽なのである。異なった考え方や意見が表出され、理解され、新たなるアイデアへと高められる必要があるのであり、受容や包含という意味でのインクルージョンからの進化が必要になる。

結果として、組織力という意味では、インクルージョンの力（多様な能力や経験を活用していく力）は、重要な要素となる。特にイノベーションを成果として要請する場面ではそうである。多くの企業が、種類は多様だが、イノベーションを経営の中核に据える現在、インクルージョンは経営上、極めて重要な組織力である。

②心理的安全性

第二が、これも第3章や第5章で述べた心理的安全性である。チームのメンバーがチームで活動する際に、他者の反応を気にせず、羞恥心や恐怖を感じたりすることなく安心して発言したり、貢献を行うことができる状態にある時、心理的安全性が高いといわれる。いうなれば、メンバーの一人ひとりが、安心して、自分らしく働ける状態である。米国を中心に、チームマネジメントとの関連で推奨されることが多くなってきた。

ただし重要なのは、心理的に安全な組織や職場とは、単純に組織や職場に心配が何もないぬるま湯的な状態を指すのではなく、一人ひとりが自律的な人材として、チームの目標を達成するために主体的な貢献をする努力することを高く評価する組織・職場である。いうなれば、メンバーの自律性が前提となる考え方である。

当然だが、心理的安全性が軽視されているチームは、働く人だけではなく、企業にとっても悪い影響がある可能性がある。研究によると、心理的安全性の高い職場では、生産性向上や離職率減少、メンタル面の向上だけではなく、チームの創造性やイノベーションの頻度も高くなることが示されている。

③個を自律させる組織の確保

その結果、最後の組織力要素として、個を自律させる組織の確保が重要になる。エンパワーされた人材を確保し、また自律を許容する組織の構築という言い方でもよい。自律的人材またはエンパワーされた人材とは、組織の大きな目標の範囲内で、自分で目標を設定し、それを達成する能力や情報、意欲のある人材である。

組織というものは、根源的には、働く人を上からの指示や命令に従わせる存在であり、また効率化のため、仕事をルーチン化する傾向がある。そうした環境に長く置かれると、人々は主体性を押し殺し、自律的に行動しないことを学習し、他律的な人材が増えてくる。心理学で「学習された無気力」と呼ばれる状態である。特にわが国の企業では、チームワークという掛け声の下、一人ひとりの個性や主体性が潰されてきた面があるように思う。

メンバーの多様性が高まり、かつ求められる成果が創造的でイノベーティブなものになると、この状態では効果的なチームワークはつくれない。

なぜならば、参加するメンバーが独自の情報を積極的に共有し、またメンバーが自由に意見を戦わせる状況で、初めて優れたイノベーションが生まれるからである。一人ひとりが主体的に行動する自由と安心感が求められる。

そのため、自発性や主体性を許容し、促進する組織をつくることが重要になる。そのために情報のオープン化、発言の自由の確保、組織文化の変革など、いくつもの変革が必要だろう。

そしてここで最も重要なカギとなるのは、リーダーシップスタイルの変革であろう。これまであった、体育会のような、上から指示命令し、押さえつけるタイプのリーダーシップから、個を尊重し、個人からの意見や発言、情報共有を促すタイプの支援型のリーダーシップが求められる。

なお、リーダーシップというと、リーダー個人の行動や資質のように思われるが、大切なのは、組織としてどういうリーダーシップスタイルが重要だと考え、またそうしたリーダーシップが発揮、継承されるような仕組みづくりをすることなどである。リーダーシップスタイルは組織規範なのである。これも重要な組織力開発である。

変化のなかで求められるのは、チームを機能させる組織力

チームの構成メンバーが多様化・変化し、チームのミッションや求められる成果が変わるなかで、優れたチームワークをつくるための道筋も変わってくる。

現在求められているのは、イノベーションを起こすためのチームの重要性を再度確認し、またチームが置かれている現状を理解し、新たな時代のチームとチームワークをつくりあげる組織力開発に乗り出すことである。

メンバー間の仲が良く、決められた目標を粛々とこなすのが良いチームワークである時代は終わった。多様なメンバーの意見と価値観を戦わせ、イノベーションを成し遂げるチームワークが求められる時代に入ったのである。チームを有効に機能させる組織力が求められるゆえんである。

第 8 章

組織力としての公平性確保

働き方改革と全員戦力化

ここしばらく政府主導で、いわゆる働き方改革が推進されてきた。その中核は、所定時間外労働（いわゆる残業）の上限規制、同一労働同一賃金（正規労働者と非正規労働者の処遇格差是正）、高度プロフェッショナル制度（一定の労働者に労働時間規定適用除外）などであり、特に時間外労働（残業）削減は話題になることも多い。

では、いったいなぜ働き方改革は推進されてきたのか。常にいわれるのが、少子高齢化に伴い、生産労働人口（15歳以上65歳未満の人口）が減少しており、このままでいくと、就業者数が減少し、経済活動に支障があるという点を背景に、できるだけ多くの人に働きやすい環境を提供し、就業者数を上げていくという目的である。

つまり、働く人が個々の事情に応じて、多様で柔軟な働き方ができることで、働くうえで何らかの制約や課題を持っていた人が、働ける環境をつくるということである。

その意味で、本書で主張している、全員戦力化と合致する。全員戦力化も、可能な限り多くの人材に戦力として働いてもらおうとする人材戦略であり、そのための改革には、当然だが、通常働き方改革の内容も含まれる。

働き方改革は、多様な人材が働きがいと働きやすさをもって働ける環境を整えることを通じて、可能な限り多くの人が、自らの能力とニーズに合った柔軟な働き方ができることを目指すものであり、それが結果として人材の確保、ひいては企業の競争力にもつながっていくのである。

「同一労働同一賃金」が意味するもの

そして、働き方改革のなかでも異色なのが、「同一労働同一賃金」である。厚生労働省のホームページによると、この法律は、「同一企業・団体におけるいわゆる正規雇用労働者（無期雇用フルタイム労働者）と非正規雇用労働者（有期雇用労働者、パートタイム労働者、派遣労働者）の間の不合理な待遇差の解消を目指すもの」であるとされている。具体的には、事業主に対して、正規従業員と非正規従業員の間の合理的でない待遇差の禁止および是正の義務を課している。

わが国の雇用制度では、所得や雇用機会、学習機会などが平等に配分されているわけではない。いや雇用において、何らかの格差が存在しない社会や国はほとんどあり得ず、わが国も例外ではない。ただ、直感的に言って、現在わが国にあるいわゆる正規労働者と非正規労働者の間の処遇の違いには不合理な点が多く、個人的にも何らかの対応が必要だと考えている。その意味で少なくとも、意図としては正規と非正規の格差是正という法律は必要な改革である。

合理的な格差

ただ、注目すべきなのは、この法律が禁止するのは、合理的でない格差である。当たり前のことだが、合理性を欠く格差は差別であり、社会的正義に反する。

また、経営的視点で言えば、格差が不合理で不公平だと感じられる時、企業で働く従業員のモチベーションや企業への貢献意欲に悪影響を与える可能性がある。そのため、非正規労働者が全雇用労働者の約4割を占める今、企業経営を効果的に行っていくうえでも、格差が働き手のモチベーションや働きがいを殺がないことが重要な課題である。

実のところ日本企業では、長い間正社員と非正社員との格差は一種の忘れられたトピックだった。企業経営にとって、中核的な職務に従事する正社員の能力開発やモチベーションの維持が重要であり、非正社員の役割は、企業経営にとって限定的、周辺的だったため、非正社員の人事管理に対する関心が低かったのである。

今回の同一労働同一賃金の導入は、様々な政策的意図があったにせよ、正規―非正規間の格差の合理性を真剣に考えることを突き付けるのである。

本来の同一労働同一賃金論

ちなみに、厳密に言えば、今回議論になっている「同一労働同一賃金」という考え方は、この概念がもともともっていた意味とは異なった形で使用されている。本来「同一労働同一賃金」は、人権の問題として捉えられ、同じ労働をしている場合での、性別や人種などによる差別を禁止しようするための考え方である。

だが、今回の法案は、正社員と非正社員の処遇格差に限定されている。言い換えると、わが国の場合、この考えは、正社員と非正社員の格差是正という、雇用形態間にある賃金等の処遇格差是正のために政策的に導入されたのである。

正規・非正規は、本人の契約で設定した地位で、合意で変更できる問題なので人権差別問題ではないが、格差が一向になくならない点を考慮して、政策的な意図をもって導入されたと考えられる。

だが現実には、職能資格制度や長期雇用など、その他の人事や処遇決定の諸制度との整合性が問題となり、このことが企業内での法律の実行を難しくし、また政策意図の達成という意味では、極めて難しい課題を投げかける。

ポイントは、これがどれだけ効果をもつかである。正直に言って、私は、今のままでは、この法律はあまり大きな効果を発揮しないのではないかと思っている。それよりも、不必要な対立を起こし、企業にとって労働者にとって社会にとって、要らないコストを増やすだけだと推測している。

比較による合理性

効果を生まないと考える理由の根本が、今回の法律のたてつけが、業務の内容、当該業務に伴う責任の程度、配置変更の範囲、その他の事情などを考慮して、両労働者の処遇の格差の合理性の判断を行うという点である。

そして、禁止されるのは、諸事項に照らして合理性のない処遇差である。わかりやすく言えば、働き方と釣り合いのとれている処遇であれば、合理的ということになる。

人事研究の分野では、こうした何らかの条件（ここで言えば、働き方、業務責任など）に見合っていれば、合理的だと考える考え方を、発音が同じで混同しやすいが、「衡平原則」と呼び、人事管理上の意思決定の公平性を考える基盤として使ってきた。

つまり、何らかの基準に従って価値評価を行い、その結果につり合いがとれるように、資源（賃金、教育へのアクセスなど）を分配する考え方である。極めて単純な例を挙げれば、仕事の成果の大小にもとづいて、賞与額を決定する場合である。仕事の成果という基準と、評価結果を受け入れるのであれば、公平な処遇決定原則である。

他にも、抜擢人事など、多くの場面でこの原則は広く使われてきた。価値判断をする基準が合理的であれば、そこから生まれる格差も合理的、つまり公平だと判断される。企業から見ても、働く側から見ても、効率と公正を最もよくバランスする原則であるように思えるからである。

結果として、この考え方に従えば、どんなに不平等が存在しても、それが合理的である可能性もある。基準を受け入れれば、報酬等の差があっても合理的だからである。その場合、公平性は担保されたと考える。

今回の法律改正で、私が気になっているのは、この合理性・公平性の判断が衡平性にもとづいており、さらに基本的には、公平性に関する紛争が起こった場合、裁判を通じて収束させていくという考え方が前提となっていることである。

人材の多様化

ただ、こうした従業員間の格差は、今後大きな課題となる可能性がある。企業の競争力への脅威となるかもしれない。なぜならば、現在、企業には、単なる正社員と非正社員の区別を越えて、様々な雇用関係をもった人材が働いているからである。一般的には、雇用形態の多様化と呼ばれる。

例えば、図表8－1にもあるように、いわゆる正社員のなかでも、勤務する地域、職種、勤務時間の限定などをもつ、様々な雇用形態の人々が出てきた。いわゆる非正社員のなかでも、短時間勤務従業員（パートタイマー）、派遣社員、期限付きのフルタイム従業員（契約社員）などがおり、さらに雇用という枠の外には、雇用という契約形態をとらない

図表８－１　限定付き正社員の種類

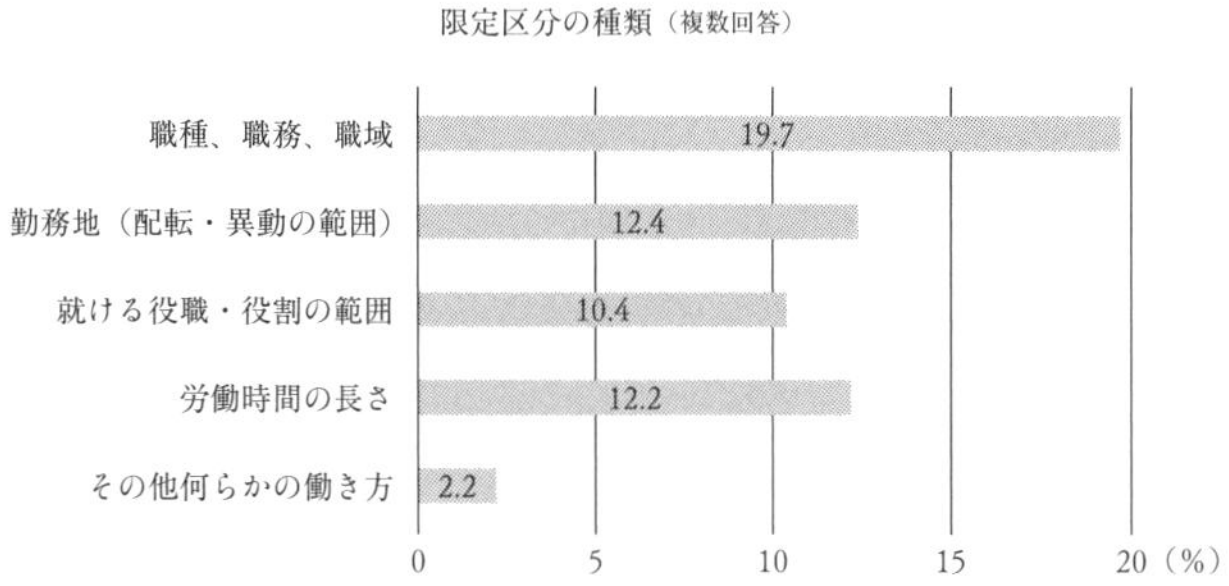

（出所）労働政策研究・研修機構「改正労働契約法とその特例への対応状況及び多様な正社員の活用状況に関する調査」調査シリーズ No.171、2017 年

業務委託等の人材がいる。

このように多様な雇用関係をもつ人材グループを組み合わせて、組織運営を行っていく考え方を、「人材ポートフォリオ」または「雇用ポートフォリオ」と呼ぶ。多くの企業で、いわゆる非正規人材が急速に活用され始めた現象は、ある意味では、人材ポートフォリオの考え方が浸透してきたことの証しだとも言える。

実際、人材ポートフォリオまたは雇用ポートフォリオという考え方は、わが国でも、比較的早くから提唱された。

古くは、1995年に、日本経営者団体連盟（通称、日経連、現在は経団連に統合）が『新時代の「日本的経営」――挑戦すべき方向とその具体策』という報告書で、長期的な雇用を維持する人材群「長期蓄積能力活用型グループ」、短期的に柔軟な雇用を前提とした

「雇用柔軟型グループ」に加えて、短期勤続を前提とするが高度な付加価値を提供する人材群「高度専門能力活用型グループ」に分ける人材戦略を提示している。

しかし、その後この構想は目立った形で実現せず、「早すぎた提案」だったという評価もある。ただ、近年になってこうした人材タイプが多くの企業で導入されており、実務でも展開されてきた。

人材ポートフォリオとは、経営戦略や事業戦略を達成するために必要な人材処遇を設計することで、人材活用を効率的に行うことを目指した考え方であり、各人材グループの処遇や報酬制度を設計する際には、戦略達成への貢献において各人材群は異なった価値をもっているという前提がある。

処遇を考えた場合、人材群それぞれの間に何らかの格差が存在しており、なかには合理性を欠く場合もあるだろう。そしてこうした格差が各々の人材の起こす意欲やモチベーションへの悪影響を可能な限り少なくするように運営することが、全員戦力化の視点から見れば必要だ。だがその時に、衡平原則をもとにその合理性を判断していては、気の遠くなるようなコストと時間がかかると考えられる。

だが、今回導入された同一労働同一賃金の考え方にもとづくと、それが合理的でないと是正が求められるのである。当然だが、多くの企業は意図的に、合理性を欠く処遇は設計しないかもしれない。しかし、衡平原則にもとづいて、どこまで、合理性を判断可能なのであろうか。さらに、それを裁判を通じて明確にしていくということは極めて長く、苦しい道のりである。

衡平原則の課題

実際、衡平原則は原則としては極めてシンプルでも、その運用においては、極めて多くの困難な判断を伴う。いくつもの罠があるのである。これまでの研究によれば、以下に挙げる要素について、どういう判断や意思決定をするかによって、何が衡平で何が不衡平なのかの判断が大きく変わってくる。具体的には、以下の３点に関わる判断である。

①比較者の選択（誰と誰とを比較するのか）

最初の意思決定が、比較対象の選択である。言い換えれば、誰と誰とを比較するのか。また、ある人材グループ間での比較をした時は公平な状態だと判断されても、他の人材グループに比較対象を移すと不公平になる場合もある。

一般的に雇用形態が多様化し、職場や企業のなかに多様な人材が共存するとき、比較は複雑になる。さらに戦略目標などの変化とともに各々の層のもつ企業内での役割が変わるとき、業務内容は変わり、比較はどんどん困難になる。

②何を比較の基準とするか

これは、何を合理性判断の根拠とするかである。例えば、業務内容や責任といっても比較が難しい。特にこれまでわが国では、職務・業務の明確な定義を行わない人事が一般的で、職務・業務の内容が極めて曖昧なまま日常の人事管理が行われてきた。正社員と非正社員とでも大きく違う。有期労働者や短時間労働者の場合はある程度決まっているが、いわゆる正社員については、業務内容が曖昧なことが多い。

③どこまでの格差が許容されるのか

この点についても曖昧さが残る。どんな組織や社会システムでも、一定程度の格差は許容されてきた。この許容の幅がどこまでかで、合理―不合理の境界が決まる。別の言い方をすれば、公平―不公平の境界である。

またこうした境界は、状況によって一定ではない。例えば、非正社員から正社員への転換制度がある場合とない場合のような、企業内にある他の人事施策に依存するだろう。契約形態が転換されることで、現在の状況を改善できる見込みが生まれ、衡平判断に影響を及ぼすことが予想される。

衡平原則は、同一労働同一賃金における合理性を考えるうえで、シンプルでわかりやすい原則を提供する。だが、同時に何が衡平かは、様々な要因や意思決定、判断に依存する。結果として、何が公正かを一義的に外部から決定するのは難しい。比較対象、基準としてどういう要素を選択するかなど、前述のような多様で困難な意思決定を経たのちに初めて、衡平原則による合理性の判断ができるのである。

その結果、いわゆる衡平原則で、合理性を判断することには限界がある。常に何を準拠点ととるかで、合理性の判断が大きくぶれてしまうのである。結果として、労使間での対立を生む可能性がある。

今回の同一労働同一賃金の法改正で私が気になっているのは、この合理性判断に関しての曖昧さが大きいことなのである。これは組織運営という観点から見ると問題を抱えている。予測可能性を欠き、また裁判という制度は時間や金銭的なコストが大きく、それでいて究極的には、衡平判断がもつ問題を解決はしないからである。

組織運営という意味では、違った方法で公平性を確保し、企業運営をスムーズに進めるための考え方が必要になる。

過程の公平性

では、どうすればよいのか。ひとつの方法が「過程の公平性」と呼ばれる考え方である。「手続きの公平性」「手続きの平等性」などと呼ばれることもある。

過程の公平性とは、資源分配の意思決定のプロセスで確立される公平性として、考課や処遇の分配結果に関する公平性（結果の公平性と呼ばれる）とは区別され、資源分配決定過程または事後的に、可能な限り当事者の主張を聞くことで成立する公平性または公平性である。

一般的に言えば、評価の手続きや基準などの公開、上司との話し合い、苦情処理システムの整備などで、労働者がもつ公正感を高めようという考え方である。

実務的に言うと、衡平原則を分配の原理として維持しつつ、最終的に分配の公平性が確立されているかを、一人ひとりの参加者（労働者）の判断に任せ、処遇の決定プロセスで、従業員の参加や情報公開、さらには事後的な紛争解決の機会を与えることで、組織運営上必要な主観的な公平性を確保しようという考え方である。

過程の公平性は、単純に基準を決めて、それにもとづいて合理性を判断するような、「静的な公平性」とは違う。いわば、「動的な公平性」である。

動的という言葉には、2つの意味があり、ひとつは不公正な状況を公正な状況に変換するための方法であるということである。もうひとつは、変わりゆく状況のなかで、新たに公正な状況をつくりだしていくという意味での動的ということもある。

私は、過程の公平性を通じて、組織内の公平感を確保できる企業は、それだけ納得して働く人材が多くなり、結果として、より多くの人が意欲をもって働けると考えている。その意味で、過程の公平性を確保することは、重要な組織力であり、企業内の処遇には格差や不公平感がつきものである以上、こうした組織力は企業にとって重要だろう。

具体的な構成要素

では、具体的に、過程の公平性はどのような要素からなっているのか。研究者によって、様々な立場があり、必ずしも一貫しているわけではないが、共通項をまとめると以下のよ

図表８－２　過程の公平性を確立する要素

概念	過程の公平性を確立する施策（例）
情報開示	①分配基準の設定・公開 ②分配決定結果の公開
分配決定プロセスでのボイス	③決定段階への説明・情報提供 ④結果に関する不満や苦情の申し立ての機会
分配システム設計段階でのボイス	⑤経営方針や情報の共有 ⑥制度設計について意見を言ったり、交渉したりする機会

（出所）守島基博「今、公平性をどう考えるか：組織内公平性の視点から」『労働市場制度改革――日本の働き方をいかに変えるか』日本評論社、2009年

うになるだろう。

第一に、資源分配の意思決定に関する情報公開・開示がある。そして、これには意思決定の基準の公開や結果の公開など、広い面での情報開示が含まれる。また、その前段階としての基準の確立、明確化も含まれるだろう。例えば、人事考課について考えると、施策としては、評価や処遇決定に関する基準の確立・公開と、その基準を適用した個人に関わる結果の公開がそれに当たるだろう。さらにこれには、開示された情報の正確性、一貫性（状況や対象によって変わらないこと）、倫理性などが含まれる。

第二が、分配を具体的に決定する段階での労働者のボイスや発言である。つまり、苦情や不満を申し立てる機会とそれによる救済の可能性である。

これには、いくつかのステージでのボイスや発言があ

る。まず、分配決定時点での意見申し立てや説明の要求である。次に、結果に対する不満や苦情の申し立てがある。労使関係における団体交渉なども、本来は分配意思決定プロセスでのインプットやボイスだと考えることができる。

第三に、分配の仕組みをつくる段階での参加やボイスがある。別の言葉で言えば、分配決定制度の設計への参加である。公平性の観点から見て、働く人の参加という観点では、これが最も根源的なものなのかもしれない。また少し前に述べた、正社員への転換制度やそれに向けての能力アップの仕組みなども、制度を活用して状況を変化させるという意味で、これに当たるのかもしれない。以上をまとめたのが、図表８－２である。

人事評価・処遇決定における過程の公平性施策の実態

では、実際にどの程度、こうした過程の公平性施策は導入されているのだろうか。まず基本的な実態を見てみよう。図表８－３は、少し前に労働政策研究・研修機構が行った調査を使って集計した、過程の公平性に関わる施策の一部の普及状況である。「全体」という項目がある列をタテに見ると、最も導入が進んでいるのは、人事評価基準明確化の一種

図表8－3　過程の公平性に関わる施策の導入状況

（%）

	全体（N=1,209）	成果主義導入企業（N=702）	成果主義未導入企業（N=507）
目標管理制度	60.7	72.8	44.0
評価結果への本人への開示	49.2	63.2	29.8
考課者訓練	41.9	50.9	29.4
評価に関する苦情処理制度	11.1	16.1	4.1

（注）成果主義導入は、「過去5年間で評価や処遇決定において、成果・業績を重視する仕組みを導入したか」で判断した
（出所）図表8－2と同じ

である「目標管理制度」であり、それに「評価結果の本人への開示」「考課者訓練」が続く。これらに対して、「評価に関する苦情処理制度」の導入率は約11％である。その意味で、事後的な紛争処理を目指した施策の導入率は低い印象が否めない。

そこで、次にサンプルを評価・賃金制度において、成果・業績を基準として重視した仕組みを導入したかどうかで分割し、分析を行った。

一般的に、企業が成果連動的な処遇制度を導入し、処遇の格差が増大している場合、評価の納得性を高め、不満や苦情を少なくするために、企業は過程の公平性施策の導入を考えることが予想されるからである。企業が成果主義的な評価・処遇制度と同時に、評価の納得性を高める施策を導入した場合、従業員は格差に対する納得性を高め、制度の受容や効果が高まることが期待される。結果は、図表8

−3の右の2列に示されている。

案の定、成果を重視した企業で確かに過程の公平性施策の導入率は高くなる。だが、目標管理を除けば、それでも6割以下の導入である。苦情処理制度については、ここでも16%と低い。成果主義的な評価・処遇制度を導入した企業でも、過程の公平性施策の導入は案外進んでいない。

今後必要な労使の対立を解決する組織力

現在の企業経営では、人材ポートフォリオを組み立て、効果的に運用することで、戦略目的を達成することは必須である。だが、そこには格差が存在する。そのなかで、現在想定されている法律的枠組みは、衡平原則にもとづく合理性の確保と、そのための裁判所等の外部機関での解決なのである。ただ、この判断は難しく、裁判等のプロセスは、極めて大きい時間とコストがかかる。

さらに一般的に、現在わが国では、組織や社会のなかでの格差を低く保つ人事管理から、その人が組織や企業へ貢献した程度に応じて、資源を分配する（つまり、報酬に格差をつける）人事管理に大きく移行している。いわゆる、成果主義的な制度である。そしてその合理性の根拠は、衡平原則にもとづくものが多い。だが既に述べたように、衡平原則による公平性の確保には多くの困難な意思決定が伴う。

そのため、単に正規―非正規間の格差に留まらず、日本企業の組織内公正は大きな曲がり角にきている。衡平原則を活用する場面が増えているが、同時に、この原則のみで、分配結果の公平性を確立することが難しいのである。

納得できない処遇上の格差は、ほうっておくと働き手の満足度やエンゲージメント、ひいては企業業績にマイナスの影響があることを多くの研究が示唆しており、企業経営上大きな問題である。そのため、企業内では、衡平原則がもたらす公正感の欠如や対立にどう対処するかが、重要なポイントとなる。

ひとつの解決法が、本章で述べた過程の公平性である。分配を受ける人（労働者）が、分配決定過程に部分的に参加したり、事後的な紛争処理を行ったりすることで確立される公平性または公正感である。過程の公平性を通じて、働く人の納得感を高め、仕事へのエンゲージメントを高めていく。格差が大きくなる組織のなかでは、不可欠の組織力である。

企業が、過程の公平性を確保する組織力を身につけることが、人材ポートフォリオの下で働く多様な人材の全員戦力化のために必要な時代になってきた。処遇等の格差の公平性に企業内で対応する組織力である。衡平原則によらない、企業内部の動的な公平性の確保は、ひとつの重要な組織力である。

第 9 章

働く人のココロをつかむ力

エンゲージメントという考え方

実務の世界で、「従業員エンゲージメント」という考え方が注目を集めている。もともと「エンゲージメント」には、約束、契約、関与などの意味があり、二者間の強いつながりを指す言葉として使われてきた。「働く人がもつ組織や仕事に対する熱意や情熱」と理解されており、コンサルタントなどが調査等の導入を勧めていることもあり、急速に流行してきた。

「従業員エンゲージメント」という概念が初めて経営学の文献に登場するのは、1990年の米国経営学会誌でのウィリアム・カーンの論文が最初だったといわれている。

彼はそこで「パーソナル・エンゲージメント」という概念を提案し、「個人が組織内での役割に自分を持ち込む状態」と定義した。いわば仕事を自分事にしている程度である。自分事になった仕事に、「人は身体的、認知的、感情的に関与する」とカーンは論じた。*1

最近になって、このテーマを研究する研究者も増えてきた。

またエンゲージメントという考えは、企業経営のいろいろな分野で使われることも多い。例えば、マーケティングでは、商品やサービスを提供する企業と顧客との関係の強さを示す概念として使われている。また最近ではガバナンス論で、投資家と企業との関係の質を表現するのに使われることもある。

いずれにしても、組織にとって重要な資源を提供してくれるステークホルダー（顧客、株主、従業員など）と企業との関係性の強さや質を表現する概念である。顧客であれば、商品やサービスのリピーターになってくれるかは、エンゲージメントの程度によって決まる。また株主であれば、エンゲージメントが強いとき、企業の経営そのものや意思決定に関心をもち、積極的に発言することなどが想定されている。

従業員エンゲージメントとは

従業員エンゲージメントは、従業員が企業全体、上司、仕事の中身など働く場面にある

＊1　なお、本章では、カーン論文を出発点に、主に米国の人材マネジメントの世界で発展してきた従業員エンゲージメント（employee engagement）の概念に関する話をするが、エンゲージメントは、欧州（主にオランダ）の研究者から生まれた別の流れもあり、「ワーク・エンゲージメント（work engagement）」として知られている。

諸対象に、どれだけ強い関与や思い入れをもっているかの指標として現在使われている。組織への関与が強ければ、働く人は、組織の継続や目標達成に強い関心をもち、達成のための努力をする。また職務への関与が強ければ、仕事の成果に責任を感じ、設定した目標を達成しようと努力をする。こうした働く人がもつ、企業や仕事そのものへの熱意や思い入れの程度を表す指標なのである。

重要なのは、従業員エンゲージメントは、対象が必ずしも組織だけではないことである。通常最もよく議論されるのは当然、組織に対する従業員エンゲージメントである。同時に職務・仕事に対するエンゲージメントもある。さらに自分の職務には極めて高くエンゲージしているが、会社にはそれほどでもないという場面もある。また学界では、上司に対するエンゲージメントが人々の職務を決定するうえでは重要という議論もある。素晴らしいリーダーシップを示す上司について行こうという感情がもとになっていると考えられている。

働く人のココロをつかむ

同じことを企業側から見ると、従業員エンゲージメントとは、企業が働く人のココロをどれだけつかんでいるのかの程度を示す指標となる。そして、組織力という観点で言い換えると、従業員エンゲージメントを高める力は、働く人のココロをつかむ力である。

人的資源とは厄介な経営資源である。モノ、カネ、情報、時間などの他の経営資源と違い、ココロをもっている。そして人は、ココロの状態によって、資源としての価値が違ってくる。

当たり前のことだが人はココロのありようによって、人材としての価値が高低する。意欲が高い時、人は大きな力を出すし、逆に心が落ち込んでいる時、人材としての価値は低下する。そのため、人材マネジメントとは、人のココロのマネジメントだといわれるときもある。

いうなれば、企業が働く人のココロをしっかりとつかんで、放さない時、従業員エンゲージメントは高くなるということであり、働く人の目標達成や企業への貢献意欲が高くなる。

人材のココロまで魅了した時、初めてその人材は大きな戦力になる。つまり、エンゲージメントが高い人材は価値ある戦力となり、全員戦力化が必要な時代には、従業員エンゲージメントを高めることは人材戦略の中核となる。

これまで何度もあったココロへの関心

従業員エンゲージメントという考え方が重要視されるようになってきたことは、良いことである。なぜならば、従業員エンゲージメントに対する関心の高まりは、企業が働く人のココロに関心を持ち始めた、言い方を換えれば、自社がどれだけ働く人のココロをつかんでいるのかが気になり始めたということでもあるからである。

考えてみると、これまでも企業は様々な用語や概念で、働く人のココロへの関心を示してきた。少し前は「従業員モラール」という言い方がされていた。「モラール」とは、「組織内でのやる気・意気込み」などと訳され、1960年代から、今流行りのエンゲージメントサーベイと同様に、モラールサーベイが大流行となった。現在でも活用している企業は多い。

その後、従業員満足度調査の時代に入り、自社の社員が職場の環境や企業風土、人間関係、業務そのものや処遇などに、どれだけ満足しているかに関心が移っている。定期的に従業員満足度サーベイを行い、経営や人事施策の修正に利用する企業も多かった。

ただ、従業員満足度は、最も高くても、「満足している」であり、プラスの方向への増大が、理論的に考えられない。それに対して、エンゲージメントやモチベーションなどは、プラスの方向へ大きくなる可能性がある。

人材不足の時代に入り、また働き手の価値観も変化しており、ワークライフバランスを重視する働き手も増えている。そうしたなかで、従業員エンゲージメントで示されるどれだけ人のココロをつかんでいるのかが、再度経営上重要な戦略課題になってきたのであろう。

調査で見るエンゲージメント

だが、現在多くの日本企業で、このような従業員のエンゲージメントを高める力が弱体化しているという結果を示唆する調査が多い。なかでも話題になったのが、米国のギャラップ社が２０１７年に出した調査レポートである。

このレポートでは、２０１４年から16年に行われた、日本を含む世界１５５カ国の従業

図表9－1　「熱意あふれる社員」日本は世界で最下位レベル

米ギャラップ社の調査（2017年発表）によると、日本は熱意あふれる
社員の割合が6%で、調査対象139カ国中132位という結果となった

（出所）ギャラップ State of the Global Workplace

員エンゲージメント調査を比較している。おおもとのエンゲージメントは、ギャラップ社が開発した12項目の調査尺度で測られている。

なかでも、ギャラップ社は、回答者を回答によって、仕事にエンゲージしている（engaged）、エンゲージしていない（not）、積極的にディスエンゲージしている（actively disengaged）の3類型に分類して、集計している。ギャラップ社の定義によると、エンゲージした状態とは、「仕事と仕事場に没頭し、熱意をもち、仕事と職場にコミットメントしている（involved in, enthusiastic about and committed to their work and workplace）」である。結果の概

図表9－2　働く喜びの変化

この1年間「働く喜び」を感じていたか
※「やや感じている」「感じている」「非常に感じている」計

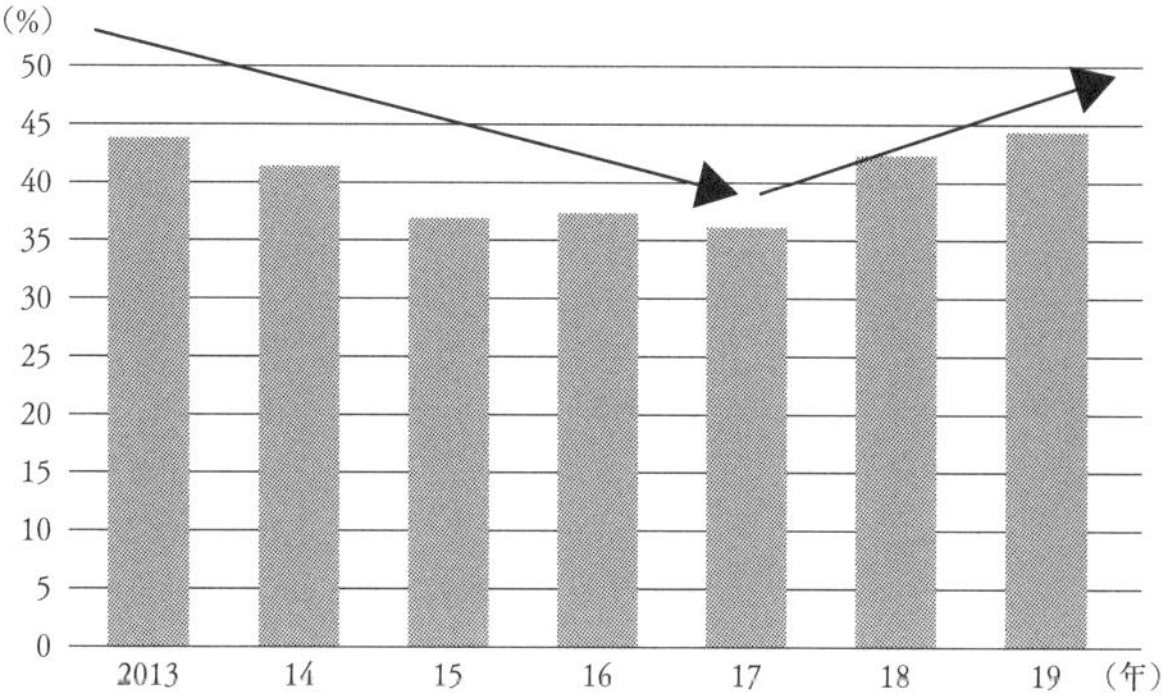

（注）対象：15～64歳の働いている男女5,000～1万人
（出所）2013～19年リクルートキャリア「働く喜び調査」より

要は、図表9－1にある。

大きな衝撃を与えたのは、この調査において、日本はエンゲージしている社員（熱意あふれる社員と訳される）の割合が6％で、調査した139カ国のうち132位だったことである。さらに、詳しく見ると、「エンゲージしていない」割合が71％、さらに仕事から「積極的にディスエンゲージしている」が23％という結果も出ている。

他機関による同様の調査を見ても同じような結果である。さらに、私が見せてもらった、グローバルに展開しているある日本企業の従業員エンゲージメントサーベイの結果を見ても、やはり日本本社が低い傾向がある。

また、対象が5000人以上で年齢の幅も広くとられた「働く喜びを感じている程度を経年で比較した調査」（図表9－2）でも、「働く喜びを感じている」と答える割合が50％以下であり、また2017年までは、減少していることが示されている。2018年から19年は上昇に転じているが、絶対値としては相変わらず低い。他の調査を見ても、結果はほぼ同じだ。

ちなみに、ギャラップ調査によると、エンゲージしている従業員は155カ国全体の平均でも15％と、それほど高いわけでもない。さらにエンゲージしていない割合が67％、積極的にディスエンゲージしている割合が18％である。また東アジアの各国はエンゲージしている従業員の割合が、中国6％、韓国7％、台湾7％である。

米国における同様の数字は32％がエンゲージしており、51％がエンゲージしておらず、16％が積極的にディスエンゲージしているという結果であり、ギャラップ社はこの数字でも、米国に関して警鐘を鳴らしている。

日本が低い理由

これまで通説では、日本のものづくり企業の強さの象徴として、現場の工夫や改善が強調されており、こうした職場では、仕事や組織への強いエンゲージメントが存在したと考えられている。前項の結果は、この通説とどう折り合いがつくのだろうか。

よく言われるのは、日本人は調査項目の両端（7点尺度なら1と7の両極端、特に「極めて高い」という7）には回答しない傾向があるので、結果が全体的に低く出るという可能性である。

確かに社会調査で日本にこうした傾向があることは、これまでもいわれており、その影響がまったくないこともないだろう。確かに考えてみれば、わが国の人たちは、自分の企業を、とても好きだとか誇りに思うなどと人前で明確に表明する傾向は弱いのだろう。

ただ、私は、これだけでは説明できないもっと構造的な要因があると考えている。注目すべきは、過去にコミットメントが高いと賞賛されたのは、優良製造企業のブルーカラー（生産労働者）かもしれない点である。

いわゆるオフィスワーカーと比較して、生産の現場に携わる人々の仕事は、職務範囲も明確であり、また成果も見えやすい。

そのため、どこまでが自分の仕事であり、どこにエネルギーを注げば、成果を出せるのかがわかりやすく、また出てくる成果も明確に優劣のつくものだったし、企業成果との関連も明らかだった。例えば現場の改善や工夫は、どう品質の向上につながるのかもわかりやすかった。結果として、職務へのエンゲージメントが起こりやすい基盤があったと言える。

さらに、優良なモノづくり企業では、こうした人材を育成するために大きな金銭的・非金銭的な投資をしてきた。多くの企業の生産現場でのOJT（職場育成）に投入される資源は莫大なものであったし、そのなかで熟練度を磨いていくワーカーが数多くいた。

これを働く人から見れば、人材として成長を支援してくれているのであり、自分の人生を形づくってくれたという意味で、組織へのエンゲージメントの基盤となった。また熟練工として育った先輩人材は、ロールモデルとして、周りからああなりたいという憧れの対象となり、それを自覚する本人のエンゲージメントを高めた。

研究によれば、エンゲージメントを高める要因として大きく2つがあるといわれている。ひとつは職務の明確性であり、もうひとつは組織による従業員のサポート・支援・心配りである。第5章で言及した「知覚された組織的支援」である。

少し前の優良製造業の生産労働者に限った場合、この2要因は存在していたと言えよう。

さらにこうした要素が、わが国製造業の国際競争力を押し上げたこともあり、内外からの注目が集まったこともエンゲージメントの向上につながる。

意味のない仕事

これに対してホワイトカラーの職場の多くはどうであろうか。まず、仕事の意味である。エンゲージメントという観点から考えると、この組織で働くまたはこの仕事をやる意味があると感じるかということになる。

自分の仕事はいったい誰の役に立っており、誰に価値を提供しているのか。また仕事の意味という観点で重要なのは、自分の仕事が会社のなかで何につながって、何に貢献をしているのかを知ることなのである。

現在、業務が細分化され、自分の仕事が何につながっているのか、何のための仕事なのかわからない働き手が増えている。その反動で、現在は、仕事に社会的貢献を求める働き手が増えているといわれる。研究でも、職場での貢献感は、自己有能感につながり、従業員エンゲージメントに近い概念である、「働きがい」を高めることが示されている。

そう考えると、企業では現在、ホワイトカラーの仕事の意味を明確にし、それをきちんと伝えているだろうか。具体的には、企業のビジョンやパーパスを明確にし、またそれをちゃんと伝えることである。

企業のパーパスとは、「自社は何のために存在するのか」を指し、近年「自分はなぜこの仕事に就くのか」を重視するミレニアル世代が多くの割合を占めるなか、エンゲージメントや貢献意欲を高めるために重要だとされている概念である。

そして、パーパスやビジョンと関連して、可能な限り、一つひとつの仕事の意味や目的を丁寧に伝えることである。実際は、今でも「仕事の意味や意義なんて、そのうちわかるから、とにかく仕事をしろ」的な企業が多いのではないだろうか。

もちろん、そうした貢献感や自己有能感をもつのは働き手の責任だという議論もできる。だが、わが国の組織の特徴は、職務の定義が曖昧で、どこまでが自分の仕事か明確にわからないことである。そうした状況で、仕事の意義を感じ、達成感や貢献感をもつことは、極めて難しい。したがって、エンゲージメントも低くなるのではないだろうか。

現在、職務を明確化し、仕事に人を貼り付けようという「ジョブ型雇用制度」の議論が盛んである。ただ、ジョブ型雇用とは何かについてのコンセンサスを欠き、議論が混乱しているのも事実である。

私は、働き手の自発的なエンゲージメントが重要になってくるなかで、ジョブ型雇用のうち、職務の明確化、特に期待成果や職務ミッションの明確化は、エンゲージメントの観点から考えた場合、必要だと考える。

曖昧な評価

もうひとつの要素として、企業の人事評価の曖昧さがある。人事評価とは、本来自己の企業への貢献度合いを、正確かつ、公平に描き出し、自分の働き方の良し悪しを明確にする機能をもつべき人事施策である。

働き手にとっては、人事評価とは、自己の貢献度合いや成長度合いに関する企業からの重要なメッセージである。明確なメッセージが出れば、それに対して、努力して応えようとする人材も多い。また当然、評価には処遇が連動するので、評価が明確ならば、より良い評価と処遇を求めて必死になって努力する。エンゲージメントは必死になって努力している場合、高くなるはずである。

人事評価については、しばしば公平性が議論されるが、ここで重要なのは明確性である。いうなれば、一人ひとりにどれだけその貢献度合いや企業が考えるその人の人材としての価値を明確に提示しているかである。明確性があって、初めてまともに公平性の議論ができる。曖昧なメッセージだと公平性を感じる基盤さえない。

もちろん、これまで評価がそれほど明確ではなかったのには合理的な理由もある。長期的に雇用され、一緒に仕事をする可能性が高い人たちの間の軋轢を防ぐためでもあった。また、曖昧であるからこそ、働く方からすると納得できた面もあった。逆に、基準や結果をあまりに明確にしてしまうと不満をあおることもある。こうした合理的な理由により、多くの企業でそうした人事評価による明確なメッセージが伝わってこなかったのである。

だが、そのため、多くの従業員はどこへ向かって努力すればよいのかがわからず、エンゲージする対象がわからなかったのではないだろうか。結果として、大過なく過ごすことが重要になり、そのため、仕事に高いエンゲージメントをもって、挑戦などはしないようになったのかもしれない。

自分で選べない仕事

またこのことは、仕事に対するオーナーシップが低いこととも関連する。オーナーシップとは、使命感、当事者意識などとも訳され、働き手が自らに与えられた仕事に向き合う姿勢の強さを表す言葉である。仕事に対しての向き合い方が中途半端だと、当然関与やエンゲージメントも低くなる。

研究によると、対象にオーナーシップをもつ最大のきっかけは、自己での選択である。自分で選んだのだから、それにコミットする。その意味で、わが国で企業に雇われている人は、今の仕事を自分で選んでやっているという意識が極めて弱いように思う。自分で選ぶのであれば、それを頑張ってやろうとして、エンゲージするだろうし、また結果を気にする。

これに対し、海外では、収入や地位など自分の状況を良くしたいと思ったら、公募に応募するなど、主体的に動かなくてはならないシステムをとっている企業が多い。企業主導の配置転換などは、特殊な対象（選抜された経営リーダー候補）などを除いてほぼないのだから、社内公募に応じるしか選択肢はない。または社外で見つけるしかない。

自分で選んで行くので、無事新しい仕事に就くと、新しい職への思い入れは強く、エンゲージメントも高くなる。

同じことを働き手の側から見れば、わが国の人事管理では、これまで雇用保障との引き換えに、会社が強い人事権をもち、仕事を与えてきた。働く人に選ばせてはこなかったのである。特に正社員の場合はこの傾向が強い。

わが国の企業で働く多くの人たちは、自分で選ぶ機会がなかったので、オーナーシップも得られにくいのである。そもそもエンゲージメントが高くなる前提としての自己選択がない。

個別配慮はエンゲージメントの大前提

そしてもうひとつが、従業員の個別事情への配慮である。第1章でも述べたように、各種の調査によると、現在、従業員の価値観は大きく変化しているといわれる。また多くの働き手が、自己の価値観を強く主張するようになってきた。

例えば、デロイトの世界ミレニアル年次調査2019年版では、「ミレニアル世代とZ

世代の多くは、企業のビジネス行動や価値観、あるいは世界観に共感できなければ、躊躇なくその企業との関係を減らすか止めることを選択する」と述べている。

日本のミレニアル世代だけに限定しても、仕事を離職する理由を聞いたところ、「報酬への不満」（43％）に続いて、「ワークライフバランスが悪い」が22％に選ばれており、「雇用主と価値観が合わない」が12％もおり、世界全体と大きな違いはない。

もちろん、わが国の企業がこれまで従業員側の事情を考慮してこなかったわけではない。厚く整えられた福利厚生制度は、まさに従業員の生活に配慮し、エンゲージメントをもって働ける環境をつくりだしてきたと言えよう。

だが、ここに述べたような価値観の変化は、旧来の従業員配慮のあり方に大きな課題を突き付けている。多様性が高まるなか、施策や企業のアクションの効果が変化するからである。

ココロをつかまれるかどうかは、従業員側の選択である。そして従業員は自分の価値観に適合したキャリア展開や仕事が可能な組織を選ぶ。企業が用意する働き手のココロをつかむことができる施策が、変化しつつあるのである。もしくはどれがココロをつかむのかがわかりにくくなってきた。だが、福利厚生施策を中心とした企業側の人事施策は、それに応じた変化をしてこなかった。

さらに、現在、働き方改革やワークライフバランスという考え方を、国を挙げて浸透させようとしている。このこと自体は良いことであり、これまでの働き方が多くの問題をもっていたことも事実である。だが同時に、このことは「仕事VS生活・家庭」という選択を際立たせる結果にもなる。そして、多くの人のマインドに、「ライフ重視の選択を許さない企業は悪者」という図式が生まれる。企業が悪者になることで、組織へのエンゲージメントは当然低くなる。

今、従業員エンゲージメントを高めるために必要なのは、個々人がもつ多様な要請や価値観、制約などを考慮することである。ここで考慮すべきなのが、既に述べた従業員の価値観や考え方、さらには個人のもつ制約である。

一人ひとりが何を大切にしており、その程度がどれだけなのか。また職業生活を営むうえで、何らかの制約をかかえているのか。そうしたことを考慮しながら、仕事の意味と個への配慮を提供しなくてはならない。また個人が大切にするものは頻繁に変化するので、時間の経過に沿った確認が必要である。

いうなれば、ここに挙げたような要因が、企業が従業員のココロをつかみエンゲージメ

図表9－3　従業員エンゲージメントの企業業績への影響

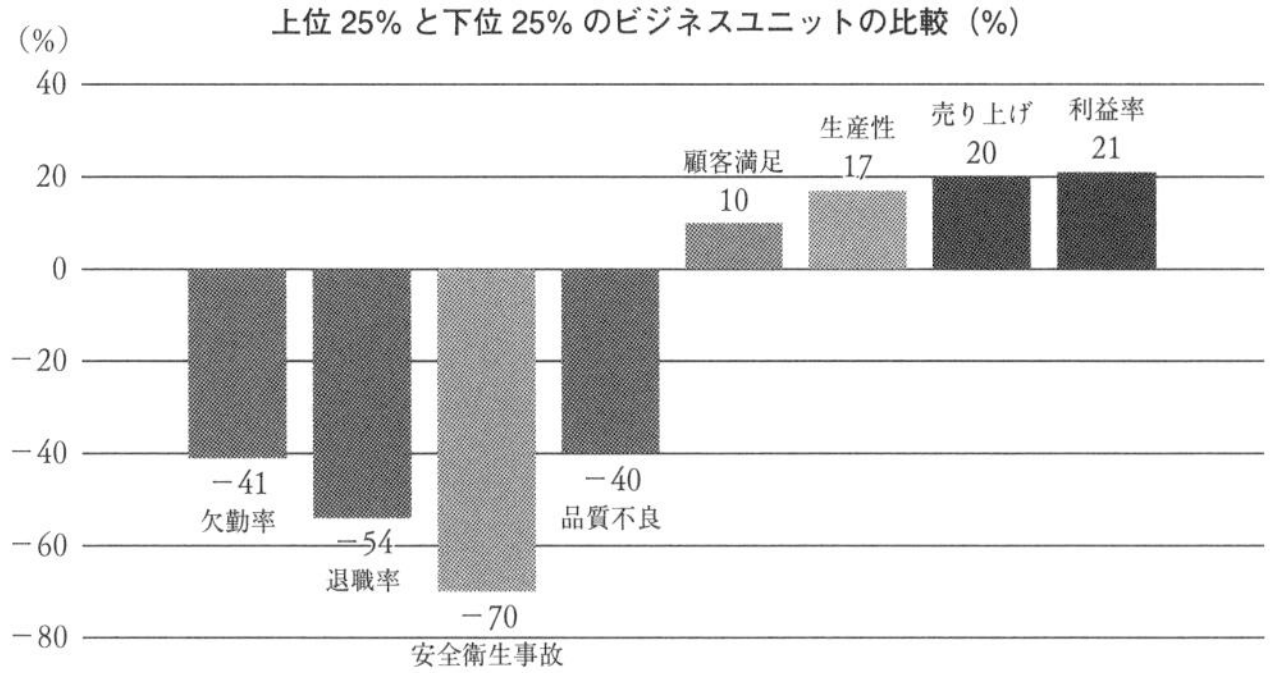

（出所）図表9－1と同じ

ントを高める組織力を毀損してきたのである。逆に、これらの描写に当てはまらない企業は、従業員エンゲージメントを高める力をもった組織であるということになる。

従業員エンゲージメントの効果

最後に、経営者が従業員エンゲージメントを高めることに関心をもつべきである積極的な理由を示しておこう。企業業績との関連である。従業員エンゲージメントが及ぼす企業の経営指標への影響に関してはある程度の研究が蓄積されている。

例えば、図表9－3は、前述のギャラップ社が2017年に出したレポートからの抜粋である。ギャラップ社では、ビジネスユニット（BU、事業部等）単位で再集計を行い、先述の質問項目12によるエンゲージメントの高さと、人事指標、企業業績指標との突合せを行っており、この図表はその結果を示したものである。

対象となったＢＵの総数は、５万を超える。なお、図表中の数字（±％）は、従業員エンゲージメントで上位25％にあるＢＵと下位25％にあるＢＵとの、各々の業績指標における差を示している。

図表９－３が明確に示唆しているのは、エンゲージメントが企業業績に大きな影響を及ぼす可能性である。売り上げと利益率では、上位25％のグループは、下位25％に比べて20％以上高く、また品質不良は40％低く、17％生産性が高い。また退職率の差は、この分析では50％を超えている。

もちろん、この結果からだけでは、「従業員エンゲージメント→企業業績」の因果関係は明らかにできないが、少なくとも相関はあるようである。

またわが国では、人材コンサルティングのリンクアンドモチベーション社が、自社のエンゲージメントサーベイを行った企業の翌年の売上高と純利益の伸び率との関係を検証している。結果は図表９－４に示されており、図表９－３と同様の結果を示している。単なる離職抑制（リテンション）などの人事指標を越えて、企業業績との関連も示唆されてい

図表９－４　従業員エンゲージメントスコアと翌年の企業業績との関係

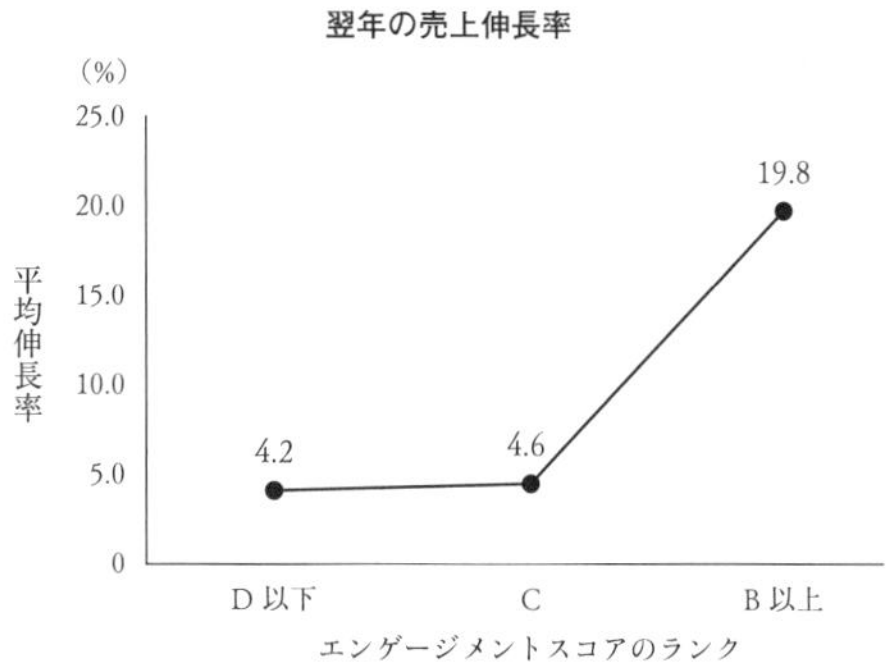

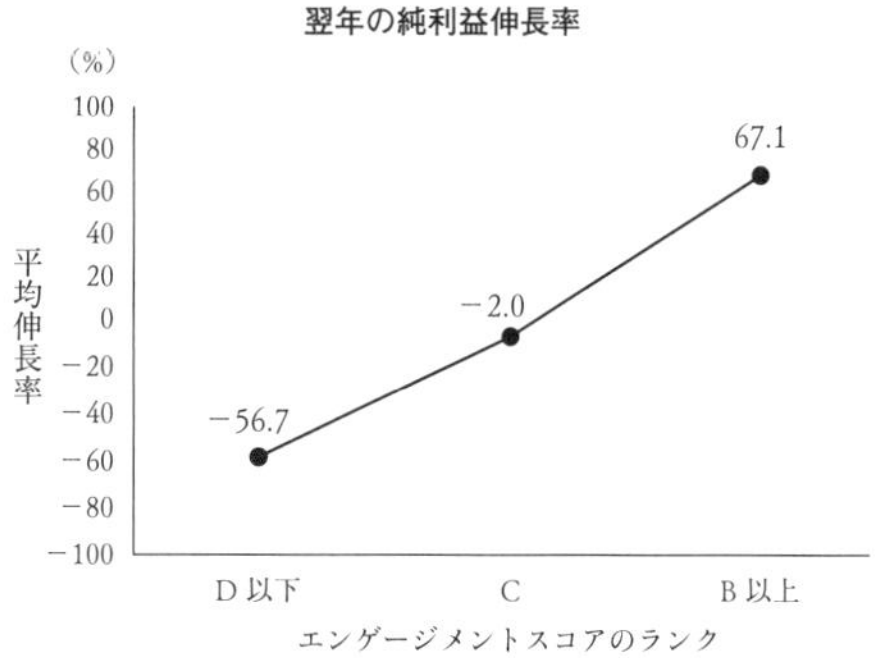

（出所）㈱リンクアンドモチベーション記者発表資料（2017 年 11 月 14 日）
https://www.lmi.ne.jp/news/pdf/lmg_20171114a.pdf

る。

企業の経営者はこうした結果を重く受け止めねばならないだろう。先に述べたように従業員エンゲージメントが、企業の働く人のココロをつかむ組織力の指標だとすれば、ココロをつかんでいる企業では、それだけ業績が良い可能性を示唆するからである。

だが、この章で述べたように、現在わが国の企業が働き手のココロをつかめていない傾向があるのは、多くの企業で長い間行ってきた人事管理や組織管理のあり方に根差している可能性がある。

さらにこうした人事管理・組織管理の施策は、企業経営のあり方そのもののなかに埋め込まれ、経営学で言う、制度的補完性（他の制度や文化などとの関連）があるのである。さらには従業員意識も関連している。人事管理・組織管理だけを変えればうまくいくものでもない。従業員のココロをつかみ、エンゲージメントを高める組織力は、経営者が関わるべき重要な経営課題である。

終　章

コロナウィルス感染拡大が要請する組織と人材の革新

本書の原稿を書いていた2020年前半から企業を取り巻く状況は大きく変わっている。いうまでもなく、新型コロナウイルスの感染拡大である。組織や人材という意味でも大きな変化が起こった。多様な局面で組織運営のあり方を変えなくてはならない状況になり、そうした変化は、組織力とその獲得にも大きな影響を及ぼす可能性がある。

テレワーク・在宅勤務の実施率

なかでも顕著な変化は、テレワークや在宅勤務への急激なシフトが見られたことである。ここしばらく、働き方改革や女性活躍推進のなかで、少しずつ進んできたテレワーク・在宅勤務が、コロナ感染拡大対策として、準備の時間もほとんどなく、急激に進んだ。なお、テレワークと在宅勤務とは厳密には異なり、サテライトオフィス勤務などもテレワークの一形態だが、コロナ禍の下では、ほぼ同一だったと考えてよいであろう。

他にも、文書の電子化やハンコの廃止、会議のオンラインへの移行など、多くの組織運営上の変化を余儀なくされたが、組織という視点で最も影響が大きく、働く人にも少なからず影響を与えたのは、テレワーク・在宅勤務だった。

図表 10－1　コロナウイルス感染拡大下の勤務状況（個人調査）

（%）

回答者割合	テレワーク（ほぼ100%）	テレワーク中心（50%以上）	定期的にテレワーク（出勤中心：50%以上）	基本的に出勤（不定期にテレワーク）	週4日、週3日などの勤務日制限	時差出勤やフレックスタイムによる勤務	特別休暇取得などによる勤務時間縮減	その他	いずれも実施していない
全体	10.5	11.0	6.9	6.1	11.2	9.3	12.6	3.5	41.0

（出所）「新型コロナウイルス感染症の影響下における生活意識・行動の変化に関する調査」（2020年6月、内閣府）

2020年前半の感染拡大期におけるテレワーク・在宅勤務の急激な増加は、多くの調査であとづけられている。例えば、内閣府が2020年5月25日から6月5日に実施したインターネット調査（対象：1万1128人）よると、34・5%（左4行の合計）の回答者が、少なくとも週の一部は、テレワークで仕事をしていると答えている（図表10－1）。

またパーソル総合研究所が行った調査（対象：正規雇用者約2万人）によると、2020年4月の第1回緊急事態宣言発出前と発出後を比較した場合、「現在のあなたの働き方としてテレワークを実施している」という設問に対して「あてはまる」と答えた回答者の割合が、3月中旬の13・2%から4月中旬の27・9%と2倍以上に増加しており、宣言が解除された5月末でも、20%台を維持している（図表10－2）。

比較のために、それ以前を見てみると、2019年の国土交通省の「テレワーク人口実態調査」では、雇用型就業者に占めるテ

図表10－2　テレワーク実施率の変化（従業員調査）

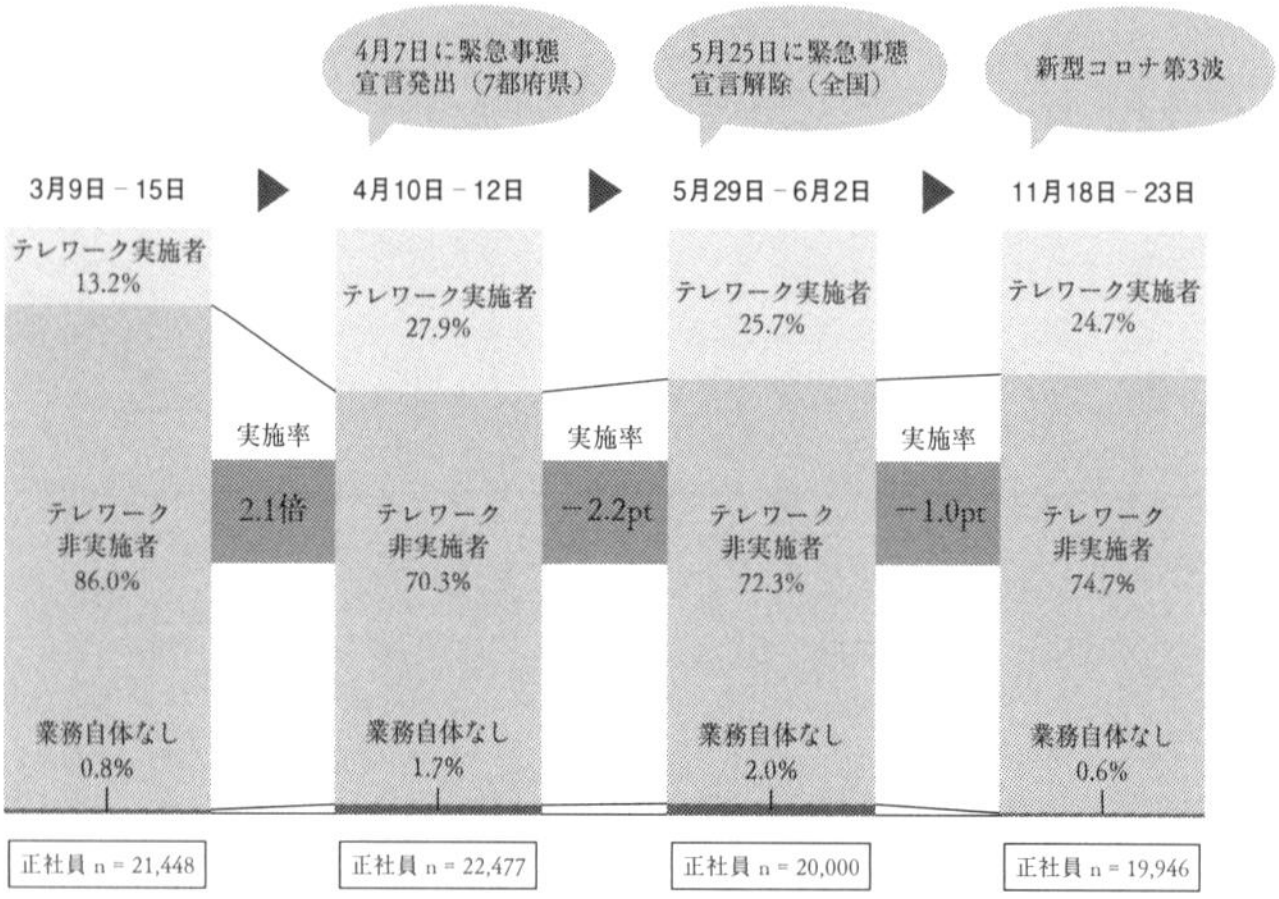

（出所）パーソル総合研究所「新型コロナウイルス対策によるテレワークへの影響に関する緊急調査、第1～4回」

レワーカー（過去テレワークで働いた経験のある労働者）の割合は14・8％という結果である。また、総務省の「令和元年通信利用動向調査」では、テレワークの実施経験があると答えた労働者は、わずかに8・4％であった。

コロナが与える組織運営への影響

ただ、同時にこうした変化が組織運営という視点で課題を突き付けている状況も見えてきた。例えば、図表10－3に示したHR総研が実施した調査によると、テレワークの課題として、労働実態把握の困難さ、社内コミュニケーションの難

図表 10－3　テレワークを導入・実施して直面した課題

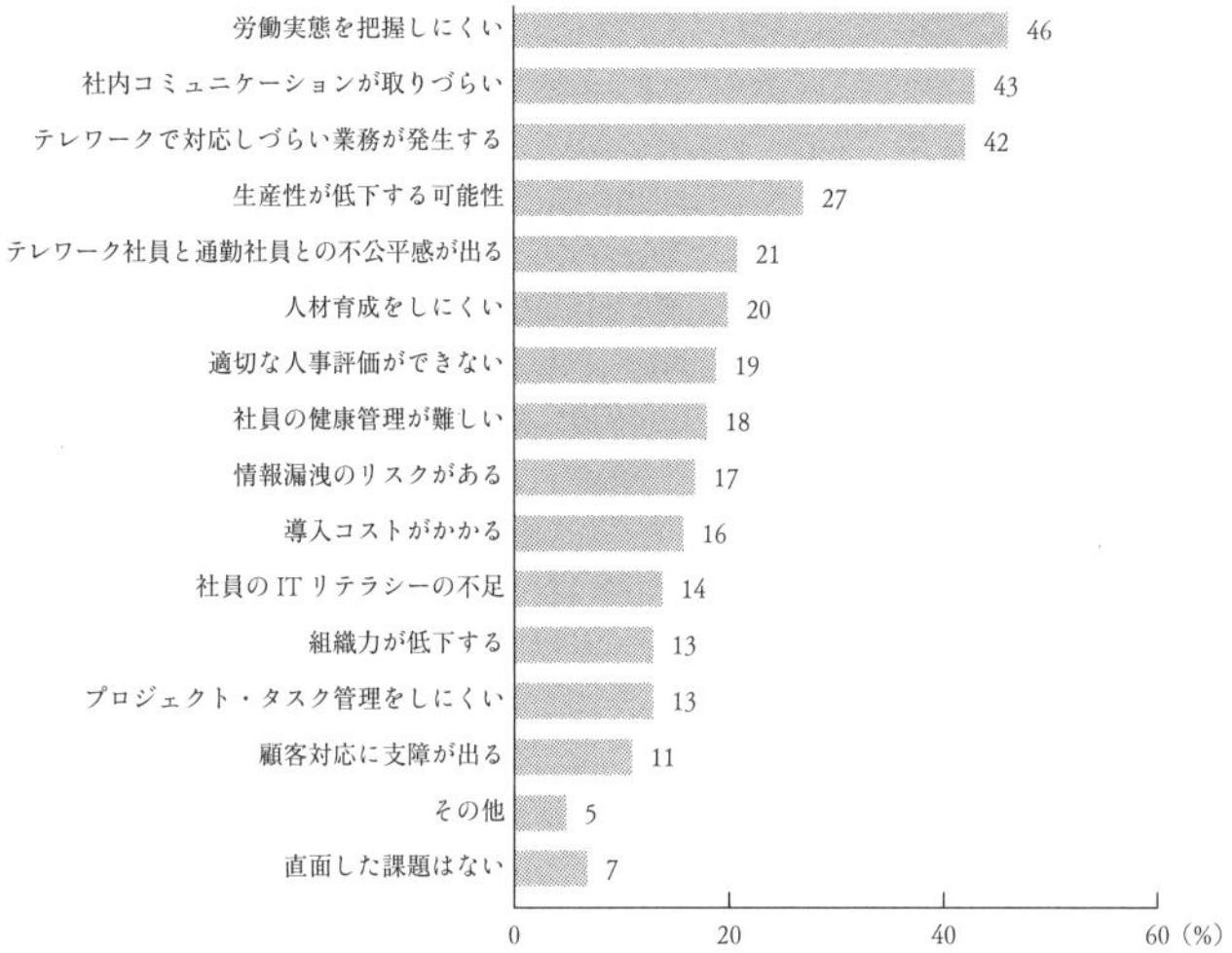

（出所）「テレワーク実態に関するアンケート」（HR 総研、2020 年 5 月下旬～ 6 月上旬、対象 294 社の人事責任者）

しさ、テレワークで対応しにくい業務が発生するなどが上位にきていて、さらに生産性への悪影響があるとの回答も多い。

一般的に、対企業、対労働者に行われたいろいろな調査を総合すると、社内コミュニケーションや調整の難しさ、現場マネジメントの困難さ、上司と部下がもつ相互の不安・不信というのが最も大きな課題である。

こうした現象は明らかに、テレワーク、リモートワーク、在宅勤務などの働き方と、これまで培ってきた組織運営のやり方との間に齟齬があり、このギャップが重要な経営課題であることを示唆している。

例えば、管理職による管理は、多くが対面にいる部下を前提として組み立てられており、テレワークのような非接触型になると、実行することが難しくなる。なぜこうしたことが起こるのだろうか。

組織運営の前提としてのルーチン

私たちはみんな、組織と組織運営に関して一定の前提を置いて行動している。例えば、職場というのは、一定の場に人々が集まって仕事をする場所であるというのも、そうした暗黙の前提である。同時にそうした前提にもとづいて、組織運営のやり方やルールを決める。そうしたルールは、組織を効率的に運営するための、運営や管理の方法として開発されたものである。

そして、時間がたつと、それらは、ルーチンとして定着し、日常化し、暗黙知化する。つまり、ルーチンとは、最初は意識的な計画の下につくられるが、一定の時間をかけて日常化された、組織運営のための手続きややり方である。そして、最後には、○○のようにやるのが正しいという、一種の規範として定立する。規範化したルーチンは、多くの場合、なぜそれをやっているのかについての理由をいちいち考えなくても、組織がそのとおり運営されることを可能にする。

これらのルーチンには、方針や手続きとして、公的に承認され、ルールとして明文化される場合もあるし、また非公式な約束事として拘束力をもつ場合もあるが、組織力や強みというものの多くは、そうした手続きの積み重ねによって成立してきた部分が大きい。

今回のコロナによるテレワーク・在宅勤務の急激な進展は、これまで培ってきたルーチンや、暗黙の前提を大きく崩す影響力があった。今まで規範的に、やるべきだとされていたやり方が機能しないのである。結果として、これまで機能してきた組織力が機能しなくなる。

注意すべきコミュニケーションへの影響

特にコミュニケーションというのは、本書で述べてきたように多くの組織力の基盤である。コミュニケーションがあって、初めてチームワークや現場での人材育成は成立するし、またミドルマネジャーがその影響力を行使するのも、部門内・チーム内のコミュニケーションによるところが多い。また多様性の包含（インクルージョン）や働きがいなども、オープンで自由なコミュニケーションに依存するという研究結果も多い。円滑なコミュニケーションは、多くの組織力がよってたつ基礎なのである。

だが、多くの企業で、テレワーク・在宅勤務が阻害していたと考えているのが、社内のコミュニケーションである。図表10－3で示した結果は、回答企業の43％が、社内コミュニケーションがとりづらくなったのが、テレワークの課題だと答えている。

このことを詳しく見た調査が、図表10－4である。問題が発生しているコミュニケーションの中身では、「ちょっとした困りごと、問題の相談」「業務外のコミュニケーション・雑談」「ちょっとした思い付き・アイデアの共有」「OJT、後輩部下の業務上の指導」「他部門との情報交換」などがテレワーク移行で影響を受けたと、回答した企業の半数前後が挙げている。

わが国の組織においては、これまで対面的なコミュニケーションを必要に応じて頻繁にとり、柔軟な調整を行うことが組織力の基盤だった。多くの職場で、最初は、ある程度曖昧な目標に合意しておいて、後は、状況に応じて、その都度調整をしていくというあのパ

図表10－4　対面に比べてテレワーク等で問題が発生している／機会が不足しているコミュニケーション

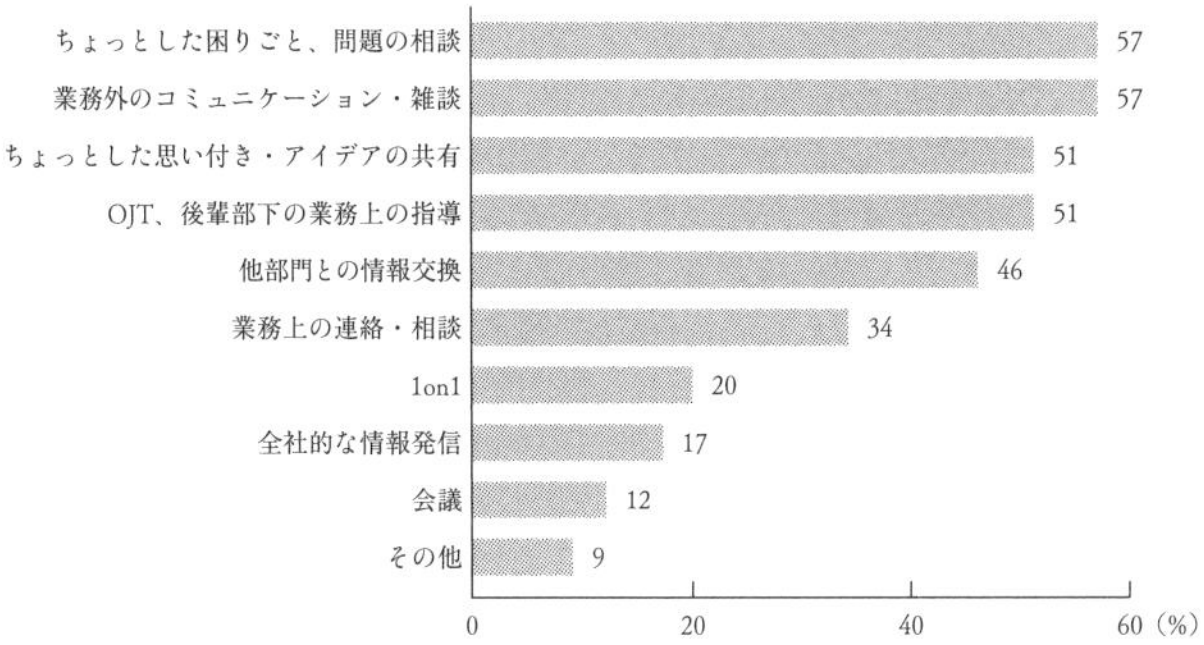

（出所）テレワーク支援と社内コミュニケーションの変化に関するアンケート（HR総研、2020年、10月下旬～11月上旬、対象：210社の人事責任者）

ターンである。密なコミュニケーションを行うというルーチンに依存した組織力だったとも言える。こうしたやり方は、状況の変化に迅速にかつ的確に対応するという意味では極めて有効だったのである。

そして、当然のことだが、こうした頻繁な調整は、対面的な状況を前提としており、また対面で行われるとその有効性も高い。何か起こったら、すぐに会議室等に集まって、メンバーと打ち合わせをすることで、解決法が共有され、再び前進できる。これが多くの組織のルーチンだったのである。そのため、初期の目標は、意図的にある程度の曖昧さをもって決めていた場合も多かったであろう。

だが、今回のテレワーク・在宅勤務の急激な増加は、培ってきたこうしたルーチンを実行することを格段に難しくした。状況の変化に応じて頻繁な調整、というルーチンが、極めて困難な状況が出現した。今まで自然にやってきたことが困難になったのである。

組織への影響

そして、組織の基盤であるコミュニケーションへの影響は、長期的には、組織の他の場面、例えば、人材育成や理念やビジョンの浸透などにも影響を与えるだろう。なぜならば、育成や理念ビジョン共有などの重要な組織機能の多くは、コミュニケーションが基盤だからである。

例えば、組織で大切にしたい考え方や価値観など（いわゆる組織文化と呼ばれるもの）は、通常、文書に書かれて伝わるのではなく、上司から部下や仲間同士の伝承や口伝えを通じて、社内に浸透していくことが多かった。さらに、仕事上のコミュニケーションを通じて、価値観や考え方が強化されてきた面もある。

だが、対面コミュニケーション経路が、テレワーク等によって分断されると、これまで維持できていた組織文化などが維持できない可能性もある。例えば、ダイバーシティとインクルージョン（D＆I）の文化を苦労して醸成したとしても、テレワーク等によって高まった働く人の分断により、長期的に弱まる可能性などが考えられる。

さらに危機的なのが職場のOJTである。第3章でも述べたように、機能するOJTは人材育成の重要な方法だが、これまでその多くは対人的なコミュニケーションに依存してきた。教える人が、教えられる人のすぐ側にいて教えるという育成方法だったのである。

だが、2020年度の初めには、多くの企業で集合型入社時教育が難しくなり、また初任配属先などでのOJTも対面型で行うことが困難となり、これまでのやり方を大きく変更せざるを得なかった。結果として、2020年度の新入社員は、コロナ感染の拡大により、新入社員としての基礎的な教育を、ほぼすべてオンライン等の非集合型で受けている。

結果として業務スキルだけではなく、社会人としての基礎的なスキルが身につくかを心配している経営者や人事部門は多い[*1]。

＊1　例えば、「研修、OJT、ほぼ省略　まともに育つか今年の新人」日経ビジネスオンライン、2020年11月6日　https://business.nikkei.com/atcl/NBD/19/special/00650/?%20i_cid=nbpnb_tobira_201109_1 など。

また、新入社員自身も不安を感じているようで、2020年4月に行われたリクルートマネジメントソリューションズの新入社員対象の調査によると、不安に思っていることとして、「先輩・同僚とうまくやっていけるか」が対前年度で7・0%上昇して45・7%となり、「自分が成長できるか」が4・2%上昇して37・1%であった。

ルーチンができないことによる組織力の毀損

この状況を本書で述べてきた組織力という観点で捉え直すと、今回の新型コロナ感染拡大に伴う組織運営のあり方の変化は、これまでわが国の企業が培ってきた組織のルーチン(例えば、職場のOJTや頻繁なコミュニケーション)を困難にし、企業の競争力の基盤となる組織力(人材を育成する力や調整する力)を毀損する可能性があるということである。

その他にも、ちょっとした対話や雑談の減少などもあり、これが人材育成や働く人の働きがいやエンゲージメント、職場の心理的安全性、インクルージョンなどに影響を与える可能性も十分に予想できる。さらにはこうしたことは企業の成果にも悪影響をおよぼし、最終的には、スムーズな組織目標の達成やイノベーションの創出などにも影響を与え、業績などへの悪影響も考えられる。

2020年4月から夏にかけて、この種の組織運営ルーチンの不可能化が、組織のあらゆるところで発生したのではないだろうか。

さらに、培ってきた組織ルーチンの実施が困難になることが組織力に与える影響は、長期的にゆっくりと効いてくるので、顕在化するのは、かなり進行した後になる可能性もあり、企業や組織の競争力に悪影響が表れてからでは、回復が難しい可能性がある。

この状況は続くのか

もちろん、大きな疑問は、本当にコロナウイルスの感染拡大で起こった変化が今後も続くのだろうかという点である。ワクチンなどが効果を発揮し状況が改善されれば、前述のような変化はもとに戻り、組織力も再び昔のやり方で維持されるという予想も成り立つ。

この点に関しては、現時点では予想が立たないというのが正直なところである。例えば、テレワーク・在宅勤務については、いくつかの企業が、ポストコロナになってもこうした働き方を続けていくことを表明しており、また日本経済団体連合会（経団連）などもそうした方針を打ち出している。*2

これに対し、いくつかの調査結果を見ると、長期的に根付くかは、やや懐疑的にならざるを得ない結果も見られる。例えば、2021年1月に発出された2回目の緊急事態宣言の下では、2020年4月のようなテレワークの大幅な増加は見られず、日本生産性本部が2021年1月上旬に約1100人を対象に行った調査によると、「現在あなた自身が行っている働き方」を複数選択で選んでもらった結果、テレワークが選ばれた割合は、2020年10月の18・9％からは少し増加しているものの、それまでとあまり変わらない22・0％だったことが示されている。

つまり、多くの調査を総合すると、全国平均で見た場合、コロナウイルス感染拡大が続いていても、落ち着くところは、全国で見た場合、全体の2～3割程度の働き手がテレワークに従事しているのみなのである。東京など大都市圏では、それより多いが、それでも半数にも満たない。また企業調査では、企業規模による格差が大きく、規模が小さくなると、テレワークの実施率は大幅に減少する。

最初は、何がなんだかわからずに急いでテレワークへの移行が起こったが、状況が少しでも改善し、またコロナウイルスのある状況が常態化（ニューノーマル？）すると、できるだけもとの（出社）状態に戻ろうとしたりする。一種の変化への抵抗である。

他の変化も同じ方向へ

ただ、コロナウイルス感染拡大への対応だけではなく、本書で述べてきた他の変化（経営戦略の変化、働き方の変化、働く人の減少と価値観の多様化、ＡＩやＤＸの経営への浸透、職場機能の劣化、働きがいやエンゲージメントの低下）などを考慮すると、これからは、こうした環境要因も企業の組織運営のあり方を変えていくことを要請する可能性がある。そしてそれらの要因は、おおよそコロナウイルス感染が要請する変化と同じ方向の変化なのである。

例えば、あまり大きな進展は見られなかったが、コロナ禍以前から進められてきた働き

＊2　日本経済団体連合会「２０２１年版経営労働政策特別委員会報告――エンゲージメントを高めてウィズコロナ時代を乗り越え、Society 5.0の実現を目指す」２０２１年１月19日

方改革の流れのなかで、テレワークなどは、コロナウイルス感染拡大以前から推進されてきていた。他にも、いわゆるＩＴ技術の進化なども、通信手段の発展と相まって、分散型の働き方を進める可能性が高い。

そして、今回の急激な拡大のなかで、テレワークはより広い対象層や仕事に適用可能だという認識が成立した。働く人たちのワークライフバランス重視や職場でのＩＴ技術の活用は、リモートでの働き方を一般的に後押しするであろう。

さらに、テレワークなどの柔軟な働き方が、イノベーションや革新的なアイデアの創出に貢献するという研究結果もあり、これらのコロナ対応以外の要因も、引き続き組織というものを変化させる可能性がある。

先にも述べたように、私たちはみんな組織と組織運営についての一定の前提を置いている。今回のコロナ禍は、こうした前提が機能しない状況を顕在化させてしまったのである。

もちろん、コロナウイルス感染拡大は、ワクチンや治療薬の開発、または生活スタイルの変更で、一定の収束を迎えることができるかもしれない。だが、完全になくなることはないだろう。また他の要因もほぼ同じ方向で組織の形を変えつつあるのである。皮肉なことだが、コロナウイルスの感染拡大は、こうした大きな流れが来ることを私たちが早く認識するうえで、良い機会だったと言うこともできるだろう。

働く人も変化しなくてはならない――仕事自律

そして働き方や組織が変化するということは、同時に働く人も変化しなくてはならないということでもある。第1章でも述べたように変化のキーワードは「自律」である。だが、ここで言う「自律」は、わが国でここ20年ぐらいいわれてきた「キャリア自律」だけではない。

重視すべきなのは、「仕事自律」とでも呼ぶべき考え方である。仕事自律とは、自分で自分の仕事を自律的に進めていくことができる状況だと定義できる。自己のミッションや目標を、組織や部門全体の目標を考えつつ設定し、自分でペースや働き方を決めて、その目標を達成していく自律である。

テレワーク等の自分の上司が自分の前にいない、そして頻繁に指示を仰げない状況で必要なのは、こうした自律なのである。これがないと、成果が出せず、人材としての価値が毀損される状況になる。

言い換えると、自分で自分の仕事を自律的に進められる人材が求められる時代になるのである。職人の働き方ができる人材と言ってもよい。指示待ち型の人材はどんどん置いて行かれるようになるし、またメンバーを指示待ち型にする企業や上司も、存在が危うくなる。

ポストコロナの時代で求められるのは、上司や組織の指示を待つことなく、自分の頭で考えて仕事し、自分で仕事を選んでキャリアを歩んでいく人材である。そうした人材が企業の創造性を高め、変革を起こす。こうした側面からの全員戦力化も重要だ。

私は、こうした仕事自律こそ、キャリア自律の大前提だと思っている。自分の仕事を自分で進められるようになって初めて、自分のキャリアを自分で進めていくことができる。自律的に仕事ができない人が、どうやってキャリアを自分で開発することができるのだろうか。仕事自律は、キャリア自律の前提だと言える。

新しい組織で働く人は、仕事自律ができる能力を身につけていかねばならないし、また組織はそうした能力を働く人に培う組織力が必要である。これがないと、新しい働き方や組織はもたないし、組織も成果を上げられない。

コロナ禍によって、働く人も変わらなくてはならないのである。今まで多くの企業では、キャリア自律ができる人材が必要だと宣言する裏で、実際は特に若手の行動に制限をかけ、仕事自律を殺いできたのではないだろうか。

経営側にとってのカギは、言葉は少々きついが、働き手を「突き放す」ことにある。大人として扱うことだと言ってもよい。そのためには、「自分の成果に責任を持たせる」ことが必要であり、もうひとつはジョブポスティングなど自分で仕事をもぎ取れるようにし、「自分のキャリアに責任を持たせる」ことも大切だ。さらにこうした施策が効果を発揮するには、メンバーに対して、オープンにその人の状況を伝えていく、情報開示が必要である。

今後、コロナウイルスの感染拡大が一定程度収束し、一部は以前の状況に戻ることがあっても、恐らくすべて昔のままということはないだろう。そうした働き方と組織の変革を続けていくのであれば、企業の経営者や人事部門は、これまでとはやり方を変え、働く人の仕事自律を促進していくことが求められる。

働き手が自律的に動かないと、非接触型の組織は立ち行かない。また働く人もキャリアの早期から自律的に働く能力を身につけることが求められる。組織が変わるのであれば、働く人も変わらなくてはならないからである。

組織運営のグランドデザインの時期

今回のコロナウイルス感染拡大は、ひとつには突然起こったということもあり、暗黙の前提やルーチンが通用しなくなったという意味では、大きな混乱であった。しかし、その他の変化要素（働き手の価値観が多様化、破壊的なイノベーションの重要性が増加、ＡＩやＩＴなどの経営への浸透、ＤＸなど）も、同様の変革を迫っている。

今後、これまで暗黙知化されてきた組織運営のルーチンを見直し、コロナウイルス感染対応も含めて、新たな組織運営のあり方を構築する必要がある。これまで培ってきた組織力とそのつくり方は、すべてが機能しなくなるわけではないが、一部で見直しが必要なのである。どのぐらいの変革が必要なのかは、企業や組織の置かれた状況によって違う。

企業の競争力を確保し、向上させるために、組織運営のグランドデザインを行う時期にきているのではないだろうか。規範化した以前のやり方を問い直し、なぜそれが必要だったのかを考え、新たな方法を考案する。例えば、職場の管理職のマネジメントのあり方は、これまでのやり方でよいのかを考え、新たなルーチンを考える。

組織運営は、一定の時間をかけてそのやり方が暗黙知化・規範化していくものである。だが、必要があれば、再度デザインは可能なのである。企業を取り巻く経営環境の変化により、そうした時期がいずれは来ることになったのだろうが、コロナウイルス感染拡大を奇貨とし、組織力と組織運営を再構築していくべき時期なのである。

あとがき——組織づくりという視点

将来へ向けて

本書の目的は、2つの関連する考え方を知ってもらうことだった。ひとつは組織力開発であり、もうひとつは全員戦力化である。

組織というものは、それを構成する人材から独立した、それ自体特有の能力をもつものである。

例えば、組織のなかで、目標やビジョンが共有されているという現象は、個人個人がビジョンや目標を明確にわかっているだけでは不十分で、同様のビジョンや目標が多くの(願わくば、大多数の)人々に共有されている必要がある。また組織内で公平な運営が行われるには、数人の人間が、公平性を保つという行動をとるのではなく、多くの管理者や働き手がそうしないとならない。

こうしたことは組織レベルの特性であり、個人個人の状態がもとになっていたとしても、それには還元できない、組織の状態である。本書で述べてきた、ダイバーシティを活用する力、エンゲージメントを高める力、働きがいと働きやすさを提供する力、公平性を保つ力、チームでの活動を促進する力などは、すべて組織レベルの特性であり、人材の能力と対比して、組織能力または組織力とでも呼ぶべきものである。

こうした特性を確保した企業は、個人が入れ替わっても、優れた特性を持ち続けることが多い。入れ替わりは少しずつ起こるので、残った人たちが新しく入ってきた人に伝え、継承していくことで、組織力は、人が変わっても生き残るのである。社会の文化伝承と同じである。

組織という視点

当たり前のことだが、人材マネジメントというのは人材に関するマネジメントである。だが、仮に採用や育成がうまくいって、優秀な人材を獲得できても、そうした人材が活躍できる舞台や場がないと、組織が戦略目標を達成できる力は半減、いやゼロになってしまう可能性だってある。

例えば、どんなに優秀なリーダーを獲得または育成し、グループの長に据えたとしても、周りのメンバーが組織目標を共有していない、場の雰囲気が萎えている、人が育たない、成果への執着がないなどの状況で、組織または場の条件が揃っていなければ、成果を上げることは難しい。同様のことが、リーダーだけではなく、個々のプレーヤー人材にも言えるだろう。

人は、整った舞台で働く時、その力が大きく発揮できるのである。もちろん、これらの要素は一人ひとりのメンバーの意欲や目標の共有度合いから始まるが、それだけで十分なわけではない。一人ひとりの人材がこうした特性を備えていること以上に重要なのは、集団として、こうした特性をもっていることである。

本書で強調したかったことは、こうした人材が活躍できる舞台を用意することが、人材の力を高めるのと同等の、いや時にはそれ以上に重要だということである。経営者など企業経営に携わる人は、こうした側面にも投資を怠ってはならないのである。

言い古された言葉かもしれないが、こうした要素が揃っている企業では、働く人たちの力は一人ひとりの力の総和よりも多くの力を発揮する。組織力というのは、人材と同様に重要な経営資産なのである。この構築に投資をすることは大きな見返りが期待できる。逆に、整った舞台のない組織では、個の力が十分発揮できずに、持ち腐れの状態になる。大人材不足の時代、こうしたことは、企業の競争力にとって大きな意味をもつようになってきた。

組織づくりという活動

そのため、近年、経営学においても、組織能力や組織力が、企業が競争力をもち、戦略を達成する組織上の基盤固めのために必要だという考え方が大きくなってきている。

そしてこれらの論者が同時に共通して強調するのは、企業経営者は、過度に一人または少数の人材の能力に依存するのではなく、何が自社にとって必要な組織力なのかを認識し、組織がもつべき能力を意図的に構築し維持することが求められることである。それこそが、本書で何度も言及した人材開発と区別された、組織力開発である。平易な言葉で言えば、組織づくりとも言える。

実際多くの経営者が、組織力開発という言葉を使っていなくても、こうした組織づくりに多くの時間を割いてきた。現場を回り、自分のビジョンを語るとともに、メンバーの発言に耳を傾ける。現場での風通しを良くするための活動を奨励し、従業員の考え方を知るためのサーベイを行うなどである。「経営トップの役割は組織づくりである」と、多くの経営者が言うのも、こうした背景があるのだろう。

極めて単純に言ってしまえば、組織とは、分業と調整のための仕組みである。分業とはメンバー間で仕事を分担することであり、調整とは分け合った仕事の成果を組み合わせて、組織全体のアウトプットに結びつけていく過程である。この両方がうまくいかないと、組織は機能しない。

特に重要なのが調整作業であり、個別に行われる仕事を結びつけていく機能をもつ。だが、この作業をちゃんと行っていくには、コミュニケーションが必要である。そして、コミュニケーションが機能するためには、協働の場での気持ちの共有が必要である。

組織開発とは、もともとこうした場のコミュニケーションを円滑に進める組織をつくる意図的な活動であった。教科書的な定義では、「組織開発とは、組織（チーム）を円滑に機能させるための意図的な働きかけ（介入）」だと定義している。人々の関係性の強化、円滑化や目標・ビジョンの共有、組織風土の改善などが主な作業である。

今後もこうした作業を積極的に推し進めていくことが重要であることは言うまでもない。ただ、注意しなくてはならないのは、必要な組織力が高度化している点である。

例えば、第5章などで述べたダイバーシティ活用力、つまり本書でインクルージョンと呼んだ組織力は、ダイバーシティ自体の増大と複雑化で必要になってきている。また働き手に公平感をもって仕事をしてもらう状況をつくりだす力も、正社員と非正社員など多様な雇用形態の働き手が同じ場に共存するようになると必要になる。要するに、組織づくりも、単純に仲間づくりをし、コミュニケーションを円滑化するだけでは、十分ではなくなっているのである。

全員戦力化という考え方

では何を目的とした組織力について述べてきたのかといえば、本書のもう一つのテーマである、全員戦力化へ向けた組織力である。本書では、組織は、本書で述べた組織力をもつことで、全員戦力化を進めることができるという主張をしたのである。

既に何度も述べたようにわが国は人材不足の時代に入っている。また人材不足は、単に労働人口が減少しているからだけではなく、戦略と経営環境の変化によって大きくなっている。IT技術の進化も大きな要因である。人材不足とは、戦略達成に貢献する働き手が足りないことであり、単純な人手不足とは異なるのである。さらに、働き手も価値観が変化し、有効な「人的資源」になるココロのツボが変化している。

人と組織で勝つためのカギは、可能な限り多くの人材に「人財」になってもらうことである。人財とは、単なる材料ではなく、価値を生む働き手である。そして、多くの人が人財になり、みんなの力を集中して戦略達成を目指すためには、そのための場、組織が揃っていなければならない。働く人すべての戦力化と協働があって、初めて組織としての力が発揮できる。

逆に、仮に十分に戦力化されていない人材がいるとすれば、それは人材の不活性化であり、本来その人がもつ人材としての価値を可能な限り出していないことになる。さらにこの状況が進むと、言い方は少し悪いが、「人材負債」となる。人材不足の下、企業は、こうした不活性人材を可能な限り減らすことが求められる。

人材不足の時代、限られた人材という資源を有効に活用していくために、全員戦力化は経営にとって重要な課題である。人的資源のサステナビリティ（持続可能性）を高める活動とも言える。

特に重要なのは、社内でいわゆる優秀者、勝ち組と評価されている人材以外の人たちであろう。先にも述べたように、組織として力を発揮していくうえではリーダーが優秀なだけではダメである。優秀な働き手だけが人財ではない。その他「普通の人々」が一定の能力を身につけ、仕事にエンゲージして、自分の仕事に向き合うことが必要である。

そのためには、まず職場を機能させて、多くの人が育ち、職場のリーダーであるミドルが機能できるコミュニティとしての職場を形成することが必要である（第3、6章）。また、働く人材の大多数が働きがい・働きやすさを感じ（第4章）、自分が企業から受けている処遇や対応に公平感を感じている時（第8章）、負債となる人材は少なくなる。また、個性の違いを尊重し働きがいを高め、個人のニーズに対応することで働きやすさを提供していくことも必要になる（第5章）。こうしたことは、多様性が増大するなかで、機能するチームをつくり、個々人の弱みを補い、強みを強調することにつながるのである（第7章）。結果として、働く人の多くがエンゲージメントを高め（第9章）、多くの人材が人財となる。本書で述べてきたのは、全員戦力化のための、組織力なのである。

私は、近年進められてきた働き方改革も、全員戦力化を目指した改革として位置づけられるべきだと考えている。

働き方改革によって働き手が自分の人生上のニーズを十分満たしつつ働き、また自律的にキャリアと労働生活を設計する時、働きがいと働きやすさが高まり、エンゲージメントも高まる。そして、人材としての価値も向上するのである。

そのためには、働く人に、能力と個性に合った働き方ができる環境を提供する、組織としての力が必要である。

全員戦力化は、人材を一人も無駄にしないためには極めて重要である。できるだけ多くの人が、人財になるためにも、企業は本書に示したような組織能力を高めることが求められる。企業には、人材を人財にする義務があるのである。

本書では、全員戦力化へ向けて、組織能力を示し、高めるために必要なアクションについて、可能な限り議論してきた。個別企業の経営者やリーダー、人事部門は、本書をたたき台として、自社の全員戦力化のための組織力構築に進んでほしい。それが人材不足時代に求められる戦略経営であり、企業が、人と組織で勝つために必要なことなのである。

初出一覧

下記の章は、既出の論考をもとに、大幅に加筆し、アップデートしたものである。以下に初出を記す。記載のない章は今回書き下ろした。

第1章――「変革迫られる人材マネジメントと人事部」『企業競争力を高めるこれからの人事の方向性』労務行政研究所、2020年

第3章――「権限委譲が職場力を壊す」『人材の複雑方程式』日本経済新聞出版、2010年

第4章――「『働きやすさ』と『働きがい』はどこが違うのか」『PRESIDENT』2009年11月30日号

第6章――「ミドルマネジメントの復権」『生産性新聞』2011年5月15日付、6月5日付、7月5日付、8月5日付、9月5日付、10月5日付、11月5日付、12月5日付

第7章――「変容するチームと組織開発」『産政研フォーラム』2019年春号

第8章――「多様な正社員と非正規雇用」鶴光太郎・樋口美雄・水町勇一郎編著『非正規雇用改革』日本評論社、2011年

第9章――第1章と同じ。

著者紹介

守島 基博（もりしま・もとひろ）

学習院大学経済学部経営学科教授

1986年米国イリノイ大学産業労使関係研究所博士課程修了。人的資源管理論でPh.D.を取得後、カナダ国サイモン・フレーザー大学経営学部Assistant Professor。慶應義塾大学総合政策学部助教授、同大大学院経営管理研究科助教授・教授、一橋大学大学院商学研究科教授を経て、2017年より現職。厚生労働省労働政策審議会委員、中央労働委員会公益委員、経済産業省産業構造審議会臨時委員などを兼任。2020年より一橋大学名誉教授。著書に『人材マネジメント入門』、『人材の複雑方程式』（ともに日本経済新聞出版）、『人事と法の対話』（共著、有斐閣）などがある。

全員戦力化
戦略人材不足と組織力開発

2021年7月8日　1版1刷
2023年11月13日　　3刷

著　者　守島 基博
発行者　國分 正哉
発　行　株式会社日経BP
　　　　日本経済新聞出版
発　売　株式会社日経BPマーケティング
　　　　〒105-8308　東京都港区虎ノ門4-3-12
印刷・製本　中央精版印刷
DTP　CAPs
装　幀　新井大輔

本書籍に関するお問い合わせ、ご連絡は下記にて承ります。
https://nkbp.jp/booksQA

ISBN 978-4-532-32209-0 Printed in Japan